Elemente der Politik

Reihe herausgegeben von

Hartmut Aden, Hochschule für Wirtschaft und Recht Berlin, Berlin, Deutschland

Sonja Blum, Fakultät für Soziologie, Universität Bielefeld, Bielefeld, Deutschland

Hendrik Hegemann, Institut für Friedensforschung und Sicherheitspolitik an der Universität Hamburg, Hamburg, Deutschland

Sven T. Siefken, Hochschule des Bundes für öffentliche Verwaltung, Brühl, Deutschland

Die ELEMENTE DER POLITIK sind eine politikwissenschaftliche Lehrbuchreihe. Ausgewiesene Expert*innen informieren über wichtige Themen und Grundbegriffe der Politikwissenschaft und stellen sie auf knappem Raum fundiert und verständlich dar. Die einzelnen Titel der ELEMENTE dienen somit Studierenden und Lehrenden der Politikwissenschaft und benachbarter Fächer als Einführung und erste Orientierung zum Gebrauch in Seminaren und Vorlesungen, bieten aber auch politisch Interessierten einen soliden Überblick zum Thema.

Bastian Loges

Normen in den Internationalen Beziehungen

Eine Einführung

Bastian Loges
Institut für Internationale Beziehungen
Technische Universität Braunschweig
Braunschweig, Deutschland

ISSN 2627-2903 ISSN 2627-2911 (electronic)
Elemente der Politik
ISBN 978-3-658-47493-5 ISBN 978-3-658-47494-2 (eBook)
https://doi.org/10.1007/978-3-658-47494-2

Die Deutsche Nationalbibliothek verzeichnet diese Publikation in der Deutschen Nationalbibliografie; detaillierte bibliografische Daten sind im Internet über https://portal.dnb.de abrufbar.

© Der/die Herausgeber bzw. der/die Autor(en), exklusiv lizenziert an Springer Fachmedien Wiesbaden GmbH, ein Teil von Springer Nature 2025

Das Werk einschließlich aller seiner Teile ist urheberrechtlich geschützt. Jede Verwertung, die nicht ausdrücklich vom Urheberrechtsgesetz zugelassen ist, bedarf der vorherigen Zustimmung des Verlags. Das gilt insbesondere für Vervielfältigungen, Bearbeitungen, Übersetzungen, Mikroverfilmungen und die Einspeicherung und Verarbeitung in elektronischen Systemen.
Die Wiedergabe von allgemein beschreibenden Bezeichnungen, Marken, Unternehmensnamen etc. in diesem Werk bedeutet nicht, dass diese frei durch jede Person benutzt werden dürfen. Die Berechtigung zur Benutzung unterliegt, auch ohne gesonderten Hinweis hierzu, den Regeln des Markenrechts. Die Rechte des/der jeweiligen Zeicheninhaber*in sind zu beachten.
Der Verlag, die Autor*innen und die Herausgeber*innen gehen davon aus, dass die Angaben und Informationen in diesem Werk zum Zeitpunkt der Veröffentlichung vollständig und korrekt sind. Weder der Verlag noch die Autor*innen oder die Herausgeber*innen übernehmen, ausdrücklich oder implizit, Gewähr für den Inhalt des Werkes, etwaige Fehler oder Äußerungen. Der Verlag bleibt im Hinblick auf geografische Zuordnungen und Gebietsbezeichnungen in veröffentlichten Karten und Institutionsadressen neutral.

Springer VS ist ein Imprint der eingetragenen Gesellschaft Springer Fachmedien Wiesbaden GmbH und ist ein Teil von Springer Nature.
Die Anschrift der Gesellschaft ist: Abraham-Lincoln-Str. 46, 65189 Wiesbaden, Germany

Wenn Sie dieses Produkt entsorgen, geben Sie das Papier bitte zum Recycling.

Inhaltsverzeichnis

1 Zur Einführung in internationale Normen und Normenforschung in den Internationalen Beziehungen   1
1.1 Erste konzeptionelle Überlegungen zu internationalen Normen   4
1.2 Zur Entwicklung der IB-Normenforschung innerhalb der Disziplin   8
1.3 Didaktische Ziele und Aufbau des Buches   11

2 Zwischen Normalität und Normativität: Normen in der internationalen Politik und ihre Erforschung   17
2.1 Was sind Normen?   20
    2.1.1 Die Definition von Normen und ihre Implikationen   20
    2.1.2 Typen, Effekte und Kausalität von Normen   30

2.2	Was ist IB-Normenforschung?	34
	2.2.1 Auf welchen Annahmen basiert die IB-Normenforschung?	35
	2.2.2 Wie erklärt die IB-Normenforschung die Wirkung von Normen?	46
	2.2.3 Wie werden Normen erforscht?	53
2.3	Fazit	55

3 Von Modellen und alternativen Prozessen: Phasen und Etappen in Normdynamiken — 57

3.1	Phasenmodelle zur Normdiffusion	60
	3.1.1 Das Kaskadenmodell der Normentstehung, Normverbreitung und Norminternalisierung	61
	3.1.2 Das Spiralmodell der Menschenrechte	67
3.2	Alternativen zur Normentstehung und zur Normdiffusion	74
	3.2.1 Kommt es überhaupt zur Normentstehung?	75
	3.2.2 Was sind Alternativen zur Sozialisation im Diffusionsprozess?	80
3.3	Alternativen zu Normumsetzung und zur Normeinhaltung	89
	3.3.1 Folgt auf die Anerkennung einer Norm auch zwingend ihre Umsetzung?	90
	3.3.2 Stellt Normeinhaltung das Ergebnis von Normdynamiken dar?	95
3.4	Alternative Modelle als Kritik linearer Diffusion von stabilen Normen	100
3.5	Fazit	106

4 Von Legitimität und Robustheit: Macht und Kontestation in Normdynamiken — 111

4.1 Kontestation, Robustheit und Legitimität — 115

4.1.1 Normrobustheit zwischen Anwendungs- und Geltungskontestation — 116

4.1.2 Normlegitimität zwischen reaktiver und proaktiver Kontestation — 120

4.2 Normen, Normativität und ihre Macht — 128

4.2.1 Normdynamiken als vermachtete Prozesse — 131

4.2.2 Situiertheit und Normativität in der Normenforschung — 135

4.3 Fazit — 138

5 Jenseits von Normunternehmer*innen und Normadressat*innen: Akteure in Normdynamiken — 141

5.1 Das Spektrum von Rollen in globalen Normdynamiken — 144

5.1.1 Rollenbilder zur Veränderung des normativen Status quo — 145

5.1.2 Rollenbilder mit Ambivalenz gegenüber dem normativen Status quo — 149

5.1.3 Rollenbilder zur Verteidigung des normativen Status quo — 153

5.2 Das Spektrum von Akteuren in globalen Normdynamiken — 156

5.3 Fazit — 160

6 Ausblick 163
6.1 Ausdifferenzierung und Pluralismus in der IB-Normenforschung 164
6.2 Anhaltende Debatten in der IB-Normenforschung 167

7 Kommentierte Literaturempfehlungen 173

Literatur 175

1

Zur Einführung in internationale Normen und Normenforschung in den Internationalen Beziehungen

> **Was können Sie mitnehmen?**
> - *Inhaltliche Einführung über das Rätsel, weshalb Staaten Atomwaffen besitzen, aber nicht nutzen*
> - *Überlegungen zur Definition von Normen als Angemessenheitsstandards sowie zu ihren Funktionen für Akteure, ihren Effekten in der internationalen Politik und grundlegenden Wirkungspfaden aus konzeptioneller Sicht*
> - *Verortung der Normenforschung innerhalb der IB*
> - *Vorstellung des didaktischen Ziels sowie des Aufbaus des Buches*

Schön, dass Sie sich für internationale Normen interessieren! Wer sich mit internationaler Politik beschäftigt, stößt nämlich unweigerlich auf Normen: So sollen Staaten etwa Folter unterlassen, Menschenrechte garantieren und Kriegsverbrechen ahnden. Sie sollen kommerziellen Walfang beenden, die Nachhaltigkeitsziele der UN umsetzen und die

Vermüllung der Ozeane mit Plastik vermeiden. Auch sollen sie in kriegerischen Auseinandersetzungen keine Chemiewaffen einsetzen, ihre Landminenbestände vernichten und keine Söldner in militärischen Auseinandersetzungen einsetzen. Wie Sie über die Betonung des „Sollens" in diesen sehr unterschiedlichen Politikfeldern bemerken: Normen werden als Angemessenheitsstandards verstanden, an denen Akteure ihr Handeln auszurichten haben und die zudem bei anderen Akteuren eine entsprechende Verhaltungserwartung auslösen (Jepperson et al. 1996; Finnemore und Sikkink 1998). Somit stecken Normen ab, welches Handeln üblicherweise normativ erwartet wird. Mit anderen Worten: Normen repräsentieren kollektive Soll-Vorstellungen, die Erwartungen produzieren und Orientierung bieten.

Um diese Relevanz von internationalen Normen für das Verhalten von Staaten an einem prominenten Fall der Normenforschung zu illustrieren, wird das Beispiel der (Nicht-)Nutzung von Atomwaffen herangezogen, das mit einer rätselhaften Beobachtung beginnt: Obgleich mittlerweile knapp zehn Staaten solche Waffen besitzen und ihre Arsenale auch regelmäßig erneuern, wurden Nuklearwaffen nach den Abwürfen auf Nagasaki und Hiroshima im Zweiten Weltkriegs nicht mehr eingesetzt. Aus Sicht der Normenforschung fragt Nina Tannenwald (1999) nach einer Erklärung für diese kollektive Praxis. Aus neorealistischer Sicht wird nukleare Zurückhaltung vor allem mit der abschreckenden Wirkung von Atomwaffen erklärt: Diese werden nicht genutzt, weil die Reaktion, die sie hervorrufen, für Handelnde selbst verheerend sein kann. Der atomare Erstschlag wird durch die strategische Kalkulation des Akteurs verhindert, weil durch einen Zweitschlag des Gegners die eigene Nutzung wortwörtlich auf einen selbst zurückfällt. Tannenwald (1999, S. 433–34) prüft diese realistische Erklärung: Sie fragt sich, warum Abschreckung auch dort greifen sollte, wo der Gegner gar keine Atomwaffen besitzt und folglich die Sorge vor einem Gegenschlag nicht besteht. Konkret hätten die USA ihre Atombomben ohne eigene Gefährdung gegen Staaten ohne Nuklearwaffen einsetzten können. Sie taten es aber nicht. Auch nicht in der Phase des Ost-West-Konfliktes, in der die USA für etwa zehn Jahre ein atomares Monopol besaßen, weil die UdSSR als konkurrierende Großmacht noch nicht nuklear bewaffnet war. Zugleich bleibt es aus realistischer Sicht auch ein Rätsel, weshalb es trotz einer befürchteten nuklearen Reaktion dennoch Staaten gab, die Atommächte angriffen und von deren atomaren Arsenalen nicht abgeschreckt waren. Schließlich erscheint es rätselhaft, warum sich nicht weitere Staaten angesichts der Bedrohungslage durch Nuklearwaffen atomar aufgerüstet haben, um einen Angriff durch eigenes Abschreckungspotenzial abzuwehren.

Weil Antworten, die auf das nukleare Abschreckungspotenzial sowie das Kosten-Nutzen-Kalkül der Akteure fokussieren, das Rätsel der Nicht-Nutzung von Atomwaffen nicht lösen können, schlägt Nina Tannenwald vor, Normen in die Erklärung mit aufzunehmen. Somit wird deutlich, dass nach dem Zweiten Weltkrieg durch öffentliche Stigmatisierung eine normative Skepsis bezüglich des Einsatzes von Atomwaffen entsteht: Staaten besitzen zwar nukleare Waffen, nutzen diese aber nicht. In der globalen öffentlichen Meinung sowie in verschiedenen UN-Foren werden zunehmend Fragen eines Verbots von Atomwaffen diskutiert, bei denen ein „Tabu" entsteht, das sich nicht auf die Waffen an sich, sondern auf deren Einsatz bezieht. Tabus verweisen als strikte normative Verbote auf Gefahren für Individuen und Gesellschaften und erzeugen eine normative Absolutheit, die sich in ihrer Nichthinterfragbarkeit und Selbstverständlichkeit zeigt (Tannenwald 1999, S. 436). Somit wirkt das nukleare Tabu als internationale

Norm, die kollektive Erwartungen – Atomwaffen sollen nicht eingesetzt werden – an individuelle Handlungen – die Entscheidung, Atomwaffen einzusetzen oder nicht – koppelt.

1.1 Erste konzeptionelle Überlegungen zu internationalen Normen

Bereits durch diesen Fall zeigt sich, dass Normen zwei Funktionen für die Orientierung von Akteuren besitzen: Sie zeigen an, was als *normativ* richtig gelten soll, aber auch, was als *normal* beobachtbar ist. Mit anderen Worten wohnt Normen einerseits eine gewisse Regelmäßigkeit in der politischen Praxis inne, die sich im vorliegenden Beispiel darin zeigt, dass selbst Staaten, die Atomwaffen besitzen, diese nicht nutzen – obgleich sie es könnten. Andererseits befördern Normen auch normative Aspekte, in dem sie „richtiges" Handeln ausweisen und als soziale Erwartungen an Akteure kommunizieren. Denn hinter der Nicht-Nutzung atomarer Waffen verbirgt sich nicht nur ein Zufall oder eine unreflektierte Routine, sondern eben ein Tabu, das sich seit 1945 in internationalen Foren herausgebildet hat, dem aber letztlich eine materielle Grundlage fehlt, etwa ein völkerrechtliches Abkommen.[1] Stattdessen basiert das nukleare Tabu auf normativen Dynamiken, die sich aus politischem Aktivismus zivilgesellschaftlicher Akteure sowie

---

[1] Zumindest zu Zeiten der Formulierung von Tannenwalds Argumentation gab es noch keinen internationalen Vertrag zur rechtlichen Ächtung von Atomwaffen. Seit 2016 wurde innerhalb der UN an einem Atomwaffenverbotsvertrag (Treaty on the Prohibition of Nuclear Weapons) gearbeitet, der einer umfassenden Ächtung nahekommt. Seit Januar 2021 ist der Vertrag in Kraft, die atomwaffenbesitzenden Staaten wie auch die NATO-Mitglieder haben ihn bislang nicht ratifiziert (Stand November 2024).

1 Zur Einführung in internationale Normen und …

staatlicher Kritik an nuklearer Kriegsführung speisen und sich vor dem Hintergrund diverser internationaler Verträge wie dem Atomwaffensperrvertrag (auch: Nuklearer Nicht-Verbreitungsvertrag, NVV), dem umfassenden Verbot von Nuklearversuchen oder dem humanitären Völkerrecht entwickeln. Somit beeinflussen normativen Ansprüche und Erwartungen staatliche Handlungsmöglichkeiten, indem Akteure Normen in ihre Kalkulationen mit einbeziehen, obgleich es sich beim atomaren Tabu nicht um Völkerrecht handelt (Tannenwald 1999, S. 436).

Weil Normen aber sowohl auf das Normative als auch auf das Normale verweisen, ist es nicht immer einfach, internationale Normen zu bestimmen. Hinzu kommt – wie in vielen sozialwissenschaftlichen Debatten – ein gewisses Definitionsspektrum, das es im Laufe dieses Lehrbuchs abzustecken gilt. Folglich stehen im zweiten Kapitel unterschiedliche Normdefinitionen im Vordergrund, die über sieben Dimensionen systematisiert werden: Typische Definitionen verweisen auf *individuelle* wie *soziale*, *normative* wie auch *normalisierende* Aspekte von Normen, die *Akteure* und normative *Strukturen* der Ordnungsbildung über politische *Prozesse* in ein Wechselverhältnis setzen. So definiert Annika Björkdahl (2002, S. 21) in einem Literaturbericht zu klassischen Texten der Normenforschung: „Norms are intersubjective understandings that constitute actors' interests and identities, and create expectations as well as prescribe what appropriate behaviour ought to be". Normen gelten somit als kollektive Angemessenheitsstandards, die durch eine überindividuelle, intersubjektive Qualität der „Oughtness", des Geltensollens, kollektive Erwartungen entwickeln.

Am Beispiel des nuklearen Tabus zeigen sich auch die Effekte internationaler Normen: Sie wirken gleichermaßen *regulativ* wie auch *konstitutiv*. Demnach schränkt das nukleare Tabu einerseits den Umgang mit Atomwaffen ein und reguliert damit ein sicherheitspolitisches Problem. Andererseits gehen Normen über diesen Verregelungseffekt hinaus: Konkret befördert das nukleare Tabu nicht nur eine bestimmte Vorstellung von Atomwaffen, sondern formt auch die Selbstwahrnehmung der sie (nicht) nutzenden Akteuren. So impliziert das Tabu, dass, wer als „zivilisiert" gelten möchte, keine nuklearen Waffen nutzt (Tannenwald 1999, S. 437, 463). Normen konstituieren also auch die Identität von Akteuren. Implizit stellt sich somit die Frage, als wie kausal Normen eigentlich begriffen werden können. Unser alltägliches Verständnis von Kausalität ist stark von einer mechanistischen Vorstellung geprägt, die aus den Naturwissenschaften entlehnt ist und davon ausgeht, dass bestimmte Ursachen stets zu beobachtbaren Wirkungen führen. Ein solches Verständnis würde erwarten, dass aus etablierten Normen als Ursache regelmäßig auch eine Wirkung im Verhalten von Staaten resultiert. Die Forschung legt aber nahe, dass eine kausale Wirkkraft in dieser absoluten Form nicht vorliegt. Stattdessen wirken Normen weniger direkt, vielmehr sind die Kontexte ihrer Entstehung, Verbreitung und Umsetzung für ihre Einhaltung relevant. Nina Tannenwald hält daher für die Wirkung von Normen fest: „Norms do not simply work as triggers for one kind of behavior but rather are part of complex sets of meanings, including permissions and prohibitions, through which people understand, and act in, the world" (Tannenwald 1999, S. 463). Somit liegt normativen Wirkkräften kein Determinismus zugrunde, sondern die regulativen und konstitutiven Effekte von Normen beschränken wie ermöglichen Handeln von Akteuren gleichermaßen.

Angesichts dieser Steuerung- und Orientierungspotenziale von Normen, ist zu fragen, weshalb ihre „Oughtness" verfängt, Aussagen über „richtiges" und „falsches" Verhalten anerkannt werden und kollektive Angemessenheitsstandards das individuelle Handeln prägen. Anders formuliert: Was führt eigentlich zur Einhaltung von Normen? Dazu lassen sich grob vier Wirkungspfade unterscheiden: Erstens werden Normen eingehalten, wenn sie im Interesse der Akteure sind, weil sie im Sinne der „Logik der erwartbaren Konsequenzen" (March und Olsen 1998) mehr Nutzen als Kosten versprechen. Zweitens halten sich Akteure an Normen, wenn sie in ihrem Handeln der „Logik der Angemessenheit" (March und Olsen 1998) entsprechen und kollektiven Erwartungen nachkommen möchten. Drittens vermag die „Logik des Argumentierens" (Risse 2000) zur einer Normeinhaltung führen, weil Akteure sich in intensiver Diskussion von der Richtigkeit der Norm überzeugen lassen und diese Überzeugung ihr Handeln anschließend anleitet. Schließlich können Normen viertens als legitim wahrgenommen werden, weil sie im Sinne der „Logik der Umstrittenheit" (Wiener 2008) das Ergebnis eines produktiven Streits zwischen betroffenen Stakeholdern über normative Bedeutung sind. Diese idealtypischen Wirkungspfade von Normen, die sich nicht ausschließen müssen, werden an späterer Stelle ausführlicher besprochen.

Ausgehend von diesen Überlegungen diskutieren die folgenden Seiten auch, wie sich Normen konkret erforschen lassen. Vorschläge dazu hängen maßgeblich davon ab, wie wir uns Normen konkret vorstellen: Sind sie schriftlich fixierte Angemessenheitsstandards, die allgemein anerkannte Regeln festhalten, oder benötigen sie kommunikative Praktiken in konkreten Kontexten, um Wirkung zu generieren? Solche unterschiedlichen Auffassungen über das Wesen von Normen haben auch Auswirkungen auf die Erforschung ihrer Effekte: Können Normen über entsprechendes Verhalten beobachtet werden oder beanspruchen sie auch noch Geltung, wenn sie beizeiten nicht eingehalten werden? Konkret für unser Beispiel: Wäre das nukleare Tabu hinfällig, wenn ein Akteur doch Atomwaffen einsetzt oder kommt es auf die Reaktion von Staaten und Zivilgesellschaften an, also darauf, ob der Einsatz umfassend kritisiert wird? Wie im Folgenden für die empirische Forschung aufgezeigt wird, sind Normen dynamisch und wandelbar, sodass sich sowohl ihre Verbreitung und Einhaltung, aber auch ihre Anfechtung, Erosion und Nichtbeachtung beobachten lässt. Letztlich besitzen sie eine „kontrafaktische Geltung" (Kratochwil und Ruggie 1986, S. 767), weil auch die situative Nicht-Einhaltung ihre generelle Geltung nicht schmälert. Selbst wenn einige Staaten de facto foltern, ändert diese Praxis nichts daran, dass Folter generell international geächtet ist. Vielmehr weist eine gleichbleibend hohe normative Erwartung bei beobachtbarer Missachtung auf die Robustheit einer Norm hin, also ihre prinzipielle Stärke und Belastbarkeit (Deitelhoff und Zimmermann 2019). Insgesamt muss also festgehalten werden, dass Normen sich gleichermaßen praktisch als auch diskursiv empirisch finden lassen, sie sich dabei aber beständig wandeln oder reproduzieren.

1.2 Zur Entwicklung der IB-Normenforschung innerhalb der Disziplin

Dass soziale Normen auch international relevant sind, ist keine neue Erkenntnis, dennoch standen sie lange Zeit nicht im Fokus der politikwissenschaftlichen Disziplin der Internationalen Beziehungen (IB). Weil „das Normative" während des Ost-West-Konflikts zu augenscheinlich von Interessen und Macht überlagert wurde, richteten vorrangig neorealistische Perspektiven ihren analytischen Blick auf die empirisch zu beobachtende Realpolitik. Allerdings wurden in den Anfängen der IB durchaus normative Fragen reflektiert: So beschäftigte sich der Idealismus der Zwischenkriegsphase explizit mit Normen, um den internationalen Frieden über kollektives Lernen und internationale Organisationen zu sichern, und auch klassische Realisten wie Hans Morgenthau oder E. H. Carr stellten normative Überlegungen an, etwa zur Rolle von Moral für die internationale Sicherheit (Finnemore und Sikkink 1998, S. 889). Spätestens aber mit der „behavioristischen Revolution" als neuem Forschungsprogramm in den Sozialwissenschaften der 1960er-Jahre, das stärker auf die empirische Beobachtung von Verhalten als auf die normativen Motivationen für Handlungen fokussierte, ebbte auch die Aufmerksamkeit für normative Phänomene und deren politische Dynamiken ab. Im Neorealismus schließlich standen Machtfragen im Fokus, womit eine gewisse Unterschätzung des Potenzials von Institutionen und Normen einherging. Diese Sichtweise dominierte die IB lange und beeinflusst die Wahrnehmung der Rolle von Normen in der internationalen Politik letztlich bis heute (Erskine 2021, S. 240–241). Deshalb werden internationale Normen oft im Zusammenhang mit „low politics" wie Menschenrechten oder mit Umweltpolitik gedacht, in denen tatsächlich das handlungsanleitende Potenzial von Normen gut sichtbar wird. Aber auch in der Sicherheitspolitik, also im klassischen Bereich der realistischen „high politics", spielen Normen eine entscheidende Rolle, wie das Beispiel des atomaren Tabus zeigt. Mittlerweile gibt es zu fast allen Politikfeldern normtheoretische Forschung, die die Rolle von internationalen Angemessenheitsstandards analysiert: Das Spektrum reicht von Frauenrechten und autonomen Waffensystemen über globale Kriminalität und Artenschutz bis hin zu militärischem Schutz von Menschenrechten in der internationalen Schutzverantwortung (Responsibility to Protect, R2P) und der internationalen Strafgerichtsbarkeit.

Dabei ist die Normenforschung insgesamt in die IB als Disziplin eingebettet und interagiert mit deren Fragen, Perspektiven und Debatten. Für ihre Etablierung in den 1990er-Jahren kamen relevante Impulse aus der institutionalistischen Kooperationsforschung, die sich mit Regimen, internationalem Recht und internationalen Organisationen beschäftigt, weil auch die Normenforschung nach den Möglichkeiten und Grundlagen von globalen Ordnungsprozessen fragt. Allerdings fokussiert sie dabei Phänomene, die institutionalistische Ansätze mit ihrer rationalistischen Orientierung auf materielle Faktoren wie Recht oder Organisationen oftmals aussparen, weil sie sowohl immateriell als auch normativ sind: Normen. Letztlich wird die Normenforschung ein zunehmend relevantes Feld im sich entwickelnden IB-Konstruktivismus und dessen analytischer Beschäftigung mit immateriellen Phänomenen wie Ideen oder Identitäten (zu Rationalismus und Konstruktivismus in den IB siehe Abschn. 2.2.1). Um die Entwicklung und Ausdifferenzierung einer sich pluralisierenden Normenforschung zu fassen und systematisch zu ordnen, wird oftmals von chronologisch gedachten Generationen (Wunderlich 2013), Etappen (Sandholtz 2017) oder Phasen (Rosert 2012) ausgegangen. So hilfreich diese Ordnungsvorschläge auch sind, weil sie Typisches fassen, muss dennoch darauf hingewiesen werden, dass Unterscheidungen empirisch nicht so eindeutig sind, wie diese Grenzziehungen suggerieren, sondern sie sich in ihrer Chronologie durchaus überschneiden und komplexere Zusammenhänge repräsentieren. Daher soll hier eine Orientierung über analytische Schwerpunktsetzungen ("moves") aufgegriffen werden, die davon ausgeht, dass unterschiedliche Formen der Normenforschung wichtige Impulse innerhalb eines gemeinsamen Forschungsfeldes gesetzt haben, aber auch allesamt empirische oder konzeptionelle Limitierungen in ihrer Analyse von Normen und Normdynamiken offenbaren. Dennoch stellen drei solcher "moves" in Summe das Repertoire einer pluralistischen Normenforschung dar (Orchard und Wiener 2024, S. 5–12). Dabei leuchtet eine erste Schwerpunktsetzung das Soziale in den IB aus und ist tatsächlich eher im zeitlichen Kontext der frühen 1990er-Jahre zu sehen. Durch sie wird der empirische Beweis erbracht, dass Normen als soziale Phänomene einen Unterschied für handelnde Akteure in der internationalen Politik machen. Der zweite "move" interessiert sich vor allem dafür, warum und wie Normen international und national „normal" werden, also wie Normanerkennung und Normdiffusion empirisch beobachtbar und konzeptionell erklärbar sind. Eine dritte Schwerpunktsetzung fokussiert das Normative und den Umgang von Akteuren mit Normen in Situationen der Normetablierung oder Normübernahme. Wie aber in den kommenden Kapiteln verdeutlicht werden kann, unterscheiden sich diese Moves in ihrer Perspektive auf und ihrer Definition von Normen und legen verschiedene Annahmen über die Relevanz von Akteuren, Strukturen und Interaktionen für Normdynamiken zugrunde. Zugleich nutzen sie unterschiedliche wissenschaftstheoretische Zugänge, indem sie nach Erklärungen für empirische Muster in Normdynamiken suchen oder einzelne normative Wandlungsprozesse verstehen möchten.

1.3 Didaktische Ziele und Aufbau des Buches

Bevor wir in die inhaltliche Arbeit einsteigen, möchte ich Ihnen noch verdeutlichen, was meine didaktischen Ziele sind und welche Kompetenzen Sie durch die Lektüre auf- und ausbauen können:

- Dieses Buch versetzt Sie in die Lage, die Relevanz und Funktion von Normen in der internationalen Politik benennen zu können, zudem leitet die Auseinandersetzung mit Normdefinitionen und verschiedenen Konzepten

der Normenforschung dazu an, Normen empirisch zu erkennen und reflektiert zu analysieren.
- Zugleich werden Sie ermächtigt, Normenforschung als Teilgebiet der IB zu verstehen. Der Text wird Ihnen ermöglichen, die zentralen Unterschiede zwischen Rationalismus und Konstruktivismus am Beispiel internationaler Normen erläutern und kritisch diskutieren zu können.
- Um ein eigenes Erkenntnisinteresse samt Fragestellung formuliert zu können, gilt es, den *State of the Art* zu kennen und damit die Arbeit von Forscher*innen wertzuschätzen. Deshalb ist es ein weiteres Ziel des Buches, Sie mit einschlägigen Texten und Argumentationen sowie mit zentralen Autor*innen der Normenforschung vertraut zu machen.
- Schließlich möchte der Text Sie befähigen, Ihren Einstieg in normtheoretische Debatten zu finden, Unterschiede und Gemeinsamkeiten der unterschiedlichen Ansätze zu verstehen und somit argumentative Kompetenzen zu schulen und auszubauen. Das Ziel ist es, Normenforschung als einen pluralen Diskurs zu begreifen und sich in ihm verorten und bewegen zu können.

Dabei zielt das Buch nicht nur auf Wissensgewinn, sondern auf Erkenntnismehrung für Sie. Wie ein bekanntes Lehrbuch zum wissenschaftlichen Arbeiten (Stykow et al. 2010) verdeutlicht, hängt der individuelle Lernerfolg auch mit der Reflexion verschiedener Lesetechniken zusammen. Sie haben demnach die Option, Texte allein auf ihren Informationsgehalt hin zu lesen und am Ende der Lektüre quantitativ mehr zu wissen. Jedoch geht es einem nicht allein informativen Lesen darum, „Erkenntnisse anderer, ihre Interpretationen und theoretischen Argumentationen zu verstehen, d. h. herauszuarbeiten, gedanklich nachzuvollziehen, eigenständig zu durchdenken und zu prüfen, ob

1 Zur Einführung in internationale Normen und …

und wie stichhaltig sie begründet sind. ‚Lesen, um zu verstehen' bedeutet also, sich selbstständig wissenschaftliches Wissen zu erarbeiten" (Stykow et al. 2010, S. 32). Somit kommt erkenntnisorientierte Lektüre ohne Auseinandersetzung mit dem Gelesenen nicht aus. Deshalb: Stellen Sie aktiv Fragen an den Text, durchdenken Sie die gelesenen Argumente kritisch und vergleichend. Anhand von zwei Anregungen können Sie prüfen, welchen Lesemodus Sie bei der Lektüre genutzt haben (Stykow et al. 2010, S. 32): Erinnern Sie sich an das, was die Autor*innen mitgeteilt haben? Dann haben Sie informativ gelesen. Können Sie die Argumentation der Autor*innen mit eigenen Worten nachvollziehen, erklären und Kritik daran üben? Dann haben Sie erkenntnisorientiert gelesen und ziehen aus der Lektüre nicht nur einen quantitativen, sondern auch einen qualitativen Mehrwert.

Zu einer solchen aktiven Auseinandersetzung soll auch die Struktur des Buches beitragen. Üblicherweise beginnen die Kapitel mit einem Einstieg, der Ihnen verdeutlicht, was Sie mitnehmen können. Dabei diskutiert jedes Kapitel neben Beispielen aus der Forschung, also konkreten Normen, vor allem Konzepte, Modelle und Ergebnisse, die aus der jeweiligen Perspektive oder dem spezifischen Forschungskontext kommen. Schließlich enden alle Kapitel mit einem Fazit, das wichtige Aspekte bündelt. Das Buch schließt mit kommentierten Leseempfehlungen für eine vertiefende Lektüre zu Normen und Normenforschung.

Was erwartet Sie inhaltlich in den nächsten Kapiteln? Das zweite Kapitel beginnt mit konzeptionellen Aspekten der Normenforschung und intensiviert die Diskussion unterschiedlicher Definitionen, Effekte, Kausalität und Wirkungspfade von Normen. Im dritten Kapitel wird ausgehend von zwei Modellen der frühen Normenforschung – dem Kaskadenmodell (Finnemore und Sikkink 1998) und dem Spiralmodell (Risse et al. 1999) – thematisiert, dass normativer Wandel dynamischer verläuft, als es diese klassischen Modelle annehmen. Deshalb stehen alternative Prozesse und/oder Enden von Normdynamiken im Fokus, etwa Diskussionen um Normlokalisierung oder Normübersetzung in neue Kontexte, um Normpolarisierung oder Normsackgassen bei anhaltender Kritik an Nomen sowie um Normverfall, tendenzielle Normersetzung oder gar Normsterben, wenn Normen weder rhetorisch noch praktisch durch Akteure aufrechterhalten werden. Hier schließt auch das vierte Kapitel an, das sich mit kontinuierlicher normativer Umstrittenheit von Normen auseinandersetzt. Da es sich bei Normen immer um politische Phänomene handelt, können Fragen nach Robustheit, Legitimität und Macht nicht ausgeblendet werden. Darauf drängen Ansätze in der Normenforschung, die sich fragen, ob und wie Normen universelle Geltung und Akzeptanz finden können oder ob sie immer nur die Wertvorstellungen bestimmter Gruppen oder Weltregionen repräsentierten. Angelehnt daran wird auch die Frage thematisiert, wieviel Kontestation bzw. Anfechtung internationale Normen vertragen, ohne ihre praktische Relevanz zu verlieren. Schließlich widmet sich das fünfte Kapitel der Rolle und Funktion von Akteuren in Normdynamiken und verdeutlicht, dass sich unterschiedliche Akteurstypen wie Staaten, NGOs, Internationale Organisationen, Unternehmen, aber auch Individuen in normativen Dynamiken engagieren und dabei diverse Rollen übernehmen. Der Ausblick schließlich bündelt diese Debatten der Normenforschung und unterstreicht, dass Normen und Normdynamiken auch in Krisen allgegenwärtig sind.

Fragen an Sie
Was assoziieren Sie mit „internationalen Normen"? Notieren Sie sich, welche Vorstellung Sie vor der Lektüre des Tex-

1 Zur Einführung in internationale Normen und …

tes haben und vergleichen Sie diese mit Ihrem Wissensstand, nachdem Sie die einzelnen Kapitel bzw. das gesamte Buch beendet haben.

Wo werden internationale Normen in der politischen Praxis sichtbar? Wählen Sie einen Bereich der IB, also ein Politikfeld oder eine konkrete Thematik, das/die Sie interessiert und verfolgen Sie während der Lektüre, wie sich Ihr Blick für normative Dynamiken ausbildet. Wo entdecken Sie in Ihrem Beispiel Normen und politische Beschäftigung mit ihnen?

Acknowledgments Ich danke Hendrik Hegemann, Lena Herbst, Anja P. Jakobi, Holger Niemann und Maike Stelter für hilfreichen Austausch und ihr Feedback zu früheren Versionen des Textes sowie Can Selke und Lara Großmann für die technische Unterstützung. Die verbleibenden Unzulänglichkeiten hat selbstverständlich allein der Autor zu verantworten.

2
Zwischen Normalität und Normativität: Normen in der internationalen Politik und ihre Erforschung

> **Was können Sie mitnehmen?**
> - Darstellung der Etablierung von Normenforschung in den Internationalen Beziehungen
> - Einführung in das Definitionsspektrum zu Normen und Normdynamiken durch die vergleichende Darstellung von relevanten Aspekten
> - Diskussion der Typen, Effekte und Kausalität internationaler Normen
> - Verortung der Normenforschung zwischen Rationalismus und Konstruktivismus durch eine Systematisierung von vier Wirkungspfaden internationaler Normen
> - Einführung in die Vorgehensweisen der Normenforschung bezüglich Material und Methoden
> - Diskussion und Zusammenfassung der Ergebnisse

Was ist eine Norm? Warum, wie und seit wann forschen die Internationalen Beziehungen (IB) zu Normen? Das folgende Kapitel wird diese Fragen umfassend und kritisch diskutieren sowie die grundlegenden Annahmen der Normenforschung und ihren metatheoretischen Background klären.

Dabei kann auf über 30 Jahre Forschung zu Normen zurückgegriffen werden, bei der sich die Normenforschung als pluralistisches Feld etabliert hat. Frühe normtheoretische Arbeiten analysierten normativen Wandel und untersuchten etwa, wie Verbotsnormen in der Bekämpfung internationaler Kriminalität entstehen (Nadelmann 1990), wie internationale Organisationen dabei helfen, Normen zu begründen und zu verbreiten (Finnemore 1993), oder weshalb Apartheid lange ein kollektiv als legitim erachtetes Verhalten war, dessen Angemessenheit später ganz anders bewertet wurde (Klotz 1995). Wie diese frühe Normenforschung unterstreicht, lassen sich internationale Normen in vielen Politikfeldern finden, sie sind somit als Angemessenheitsstandards für die internationale Politik und die in ihr agierenden Akteure relevant. Mittlerweile ist die Forschung zu Normen sehr breit, wie Tab. 2.1 im Überblick zeigt, und thematisiert verschiedene Politikfelder, Akteure und Ergebnisse wie Prozesse von Normdynamiken. Angesichts der Vielzahl von empirischen Studien zu unterschiedlichen Normen, ihren Dynamiken und Effekten lässt sich festhalten: „To state that norms matter is no longer controversial" (Björkdahl 2002, S. 9). Damit ist der Normenforschung insgesamt der empirische Beleg gelungen, dass Normen als immaterielle Phänomene zu Effekten führen, die das Handeln von Akteuren beeinflussen und global gesehen normativen Wandel initiieren können.

Zugleich sind in diesen Jahren neben der empirischen Forschung auch Literaturberichte (Björkdahl 2002; Rosert 2012; Wunderlich 2013), Handbucheinträge (Hurrell 2002; Lantis 2017; Sandholtz 2017; Rosert 2022) und Reihen zur Normenforschung in großen Verlagen entstanden sowie mehrere Sammelbände, Special Issues oder Foren in wissenschaftlichen Zeitschriften erschienen, die den *State of the Art* bündeln und diskutieren. Nicht zuletzt unterstreicht das vorliegende Lehrbuch, dass die Normenforschung „fest etabliert und weiterhin lebendig" (Rosert 2012) ist, wobei

Tab. 2.1 Schwerpunkte empirischer Normenforschung im Überblick. (Quelle: Eigene Zusammenstellung)

Normen und Politikfeld	Konkrete Forschung
Internationale Menschenrechtsnormen	Insbesondere zu Apartheid, Sklaverei, Rassismus, Folter, Flucht, Migration, Frauenrechten, LGBTIQ*-Rechten
Internationale Normen zum Schutz vor und zur Ahndung von Massengräueltaten	Insbesondere zu Responsibilty to Protect, internationale Strafgerichtsbarkeit
Rüstungskontrollnormen und humanitäres Völkerrecht	Insbesondere zu atomaren, biologischen und chemischen Waffen, autonomen Waffensystemen, Antipersonenminen, Söldnern/ Private Military and Security Companies, Streumunition
Internationale Normen zur weiteren Sicherheitspolitik	Insbesondere zu Außenpolitik, Cyberspace, „Targeted Killing", Terrorismusbekämpfung, Staatsstreichen
Internationale Normen zur Bekämpfung organisierter globaler Kriminalität	Insbesondere zu Drogenhandel, Organhandel, Korruption, Bestechung
Internationale Normen zur Bearbeitung von Post-Conflict-Situationen	Insbesondere zu Demokratieförderung, Rule of Law, Transitional Justice, Wahlbeobachtung
Internationale Normen zur Gestaltung des globalen Weltwirtschaftssystems	Insbesondere zu Corporate Social Responsibility, Entwicklung, Neoliberalismus
Internationale Normen zur Erhalt der natürlichen Umwelt	Insbesondere zu Klima, Nachhaltigkeit, Plastik, Umweltschutz, Walfang
Internationale Normen zur Steigerung der Wohlfahrt	Insbesondere zu Bildung, Ernährungssicherheit, Gesundheit

sich verschiedene Trends und Lücken zeigen, so beschäftigt sie sich im Vergleich zu anderer Forschung in den IB z. B. weniger mit Terrorismus, Religion oder Ethnizität (Peez 2022). Aus dieser reichen Forschung kann auch dieser Überblick schöpfen: In den folgenden Kapiteln können zwar nur ausgewählte Felder näher beleuchtet werden, dennoch werden mit jedem Kapitel relevante Beispiele von Normdynamiken herangezogen, die die jeweiligen Ansätze verdeutlichen und so auch in den Pluralismus der Forschung einführen.

2.1 Was sind Normen?

Um die Definitionen aus mehreren Jahrzehnten der Normenforschung über ihre Gemeinsamkeiten sowie Unterschiede vorzustellen, sollen im Folgenden durch sieben Aspekte zentrale Charakteristika von Normen sowie Normdynamiken – sämtliche Prozesse der Entstehung, Diffusion, und Umsetzung von Normen – systematisch entfaltet werden. Dabei zeigt sich ein Spektrum von Vorstellungen, bei dem Normen entweder als klar abgrenzbare und relativ eindeutig bestimmbare soziale Phänomene begriffen werden oder davon ausgegangen wird, dass Normen sich in Interaktionen reproduzieren müssen und somit immer auch umstritten bleiben. Zugleich gibt der folgende Abschnitt aber auch einen Einblick in verschiedene Normtypen sowie die Effekte und Wirkungen von Normen, die zeigen, dass Normen auf eine bestimmte Art und Weise für internationale Politik relevant sind: Sie ermöglichen und begrenzen das Handeln von Akteuren, indem sie Verhalten regulieren, aber auch Bedeutung schaffen.

2.1.1 Die Definition von Normen und ihre Implikationen

Verweisen Normen auf das Normale oder das Normative? Sind Menschenrechte auch Normen, obgleich sie doch Rechte heißen, und warum sind Ideen keine Normen? Bereits diese drei Fragen unterstreichen, dass definitorische Aspekte nicht nur relevant für das Verständnis, sondern auch für die Analyse von internationalen Normen sind. Allerdings verrät ein Blick in die normtheoretische Literatur, dass dort die Ansätze mannigfaltig sind und deshalb von einer gewissen Mehrdeutigkeit zentraler Begriffe ausgegangen werden muss (Sandholtz 2017; Jurkovich 2020). Dieser Eindruck ist auf zwei Gründe rückführbar: Einerseits hat die IB-Normenforschung eine interdisziplinäre Entstehungsgeschichte und erhielt maßgebliche Impulse aus der Soziologie, der Rechtswissenschaft und der Philosophie. Andererseits ist eine zunehmende Ausdifferenzierung in den analytischen Zugängen zu Normen beobachtbar, sodass mittlerweile gar von *den* Normenforschung*en* im Plural gesprochen werden könnte (Loges 2021). Somit gilt es in einem ersten Schritt, anhand von ausgewählten Definitionen das Spektrum von Normverständnissen in den IB zu klären. Angesichts dessen Breite kann es aber nicht darum gehen, eine verbindliche Bestimmung vorzulegen oder eine Synthese zu schaffen, also die unterschiedlichen Aspekte verschiedener Definitionen widerspruchsfrei zusammenzuführen. Stattdessen werden im Folgenden die unterschiedlichen Begriffsbestimmungen und ihr spezifischer Fokus genutzt, um definitorische und konzeptionelle Komplexität des Feldes zu verdeutlichen und zentrale Gemeinsamkeiten sowie Unterschiede zu benennen.

Infokasten 1: Normdefinitionen im Überblick (Quelle: Eigene Zusammenstellung)

Normdefinitionen

„Norms are standards of behavior defined in terms of rights and obligations" (Krasner 1983, S. 186).

„A norm exists in a given social setting to the extent that individuals usually act in a certain way and are often punished when seen not to be acting in this way" (Axelrod 1986, S. 1097).

„The global norms discussed here evolved and exist not only in the conventions and treatises of international law and the criminal laws of nation-states but also in the implicit rules and patterns that govern the behavior of state and nonstate actors as well as in the moral principles embraced by individuals" (Nadelmann 1990, S. 480).

„Norms are collective expectations about proper behavior for a given identity" (Jepperson et al. 1996, S. 54).

„It is the sense of 'oughtness' that is analytically distinct, and it is to refer to that sense of obligation that we need a term. The appropriate term for this purpose is 'norm'" (Florini 1996, S. 364).

„There is general agreement on the definition of a norm as a standard of appropriate behavior for actors with a given identity" (Finnemore und Sikkink 1998, S. 891).

„Norms become internalized and constitute a set of shared understandings that make behavioral claims." (Checkel 1999, S. 88).

„By norm I mean a shared expectation about behavior, a standard of right or wrong. Norms are prescriptions or proscriptions for behavior" (Tannenwald 1999, S. 436).

„Norms are intersubjective understandings that constitute actors' interests and identities, and create expectations as well as prescribe what appropriate behaviour ought to be" (Björkdahl 2002, S. 21).

„Norms entail a dual quality: that is, they are both structuring and socially constructed through interaction in a context. While stable over particular periods, they always remain flexible by definition" (Wiener 2007a, S. 49).

„[…] Norms are subject to ongoing attempts to reconstitute their meanings, even as they exert effects on patterns of social behaviour" (Krook und True 2010, S. 109).

Norms are „a set of rules with a prescriptive character for a defined scope of application. Norms are codified through treaties or conventions, yet they can also be uncodified, as seen with customary rights. Within the international system, international norms regulate states' behaviour by enabling certain actions in accordance with the norm, and in prohibiting other actions that may violate or juxtapose that norm" (Panke und Petersohn 2012, S. 721).

Norms have a „intrinsic tripartite structure. First, a norm presupposes a problem, which is the issue to be addressed. Second, the norm includes a value. It is the enjoyment or attainment of something 'good' or the avoidance of something 'bad' and, as such, gives moral weight to the problem. Third, a norm enjoins a particular behavior: the action to be taken to address the given problem that allows the actor to better express or practice the value" (Winston 2018, S. 640).

„[…], norms have three essential component parts: (1) a moral sense of 'oughtness' […]; (2) a defined actor 'of a given identity'; and (3) a specific behavior or action expected of that given actor" (Jurkovich 2020, S. 694).

Die Bandbreite der oben genannten Definitionen belegen neben unterschiedlichen Vorstellungen auch gemeinsame Bezüge, die somit als zentral für das Nachdenken über Normen und Normdynamiken erscheinen. Konkret zeichnet sich dabei eine Bezugnahme auf vier Aspekte ab, die den *State of the Art* in der IB-Normenforschung bündeln: Normen berühren Aspekte (1) der Normativität, (2) des Individuellen, (3) des Sozialen sowie (4) des Normalen. Zugleich verweisen einige der Definitionen bereits auf die Kontexte von Normen, also auf das, was als Normdynamiken bezeichnet werden kann. Dort lassen sich drei weitere Aspekte unterscheiden, nämlich Aspekte (5) der Agency, (6) der Struktur sowie (7) des Prozesses. Abb. 2.1 fasst alle sieben Aspekte zusammen, die nun im Folgenden ausführlich vorgestellt werden.

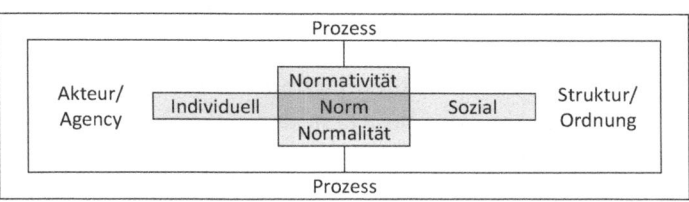

Abb. 2.1 Aspekte von Normen und Normdynamiken. (Quelle: Eigene Darstellung)

(1) Aspekte der Normativität als Bezug zur Verpflichtung und Angemessenheit. In den Definitionen wird auf Aspekte des Sollens verwiesen, die im Englischen als „Oughtness" gefasst werden. Die Übersetzung ins Deutsche ist nicht ganz einfach, weil „Gesolltsein" jenseits der Philosophie kein sehr gängiges Wort ist. Letztlich sind aber Vorstellungen gemeint, die die Verbindlichkeit von Normen unterstreichen. Ihr präskriptiver, also vorschreibender Status markiert, was im Sinne von Ge- und Verboten als „richtig" und „falsch" zu gelten hat. Als Grundlage dieser normativen Verpflichtungen eröffnen die Definitionen eine größere Spannbreite: So können Normen ihre Geltung prinzipiell aus einer universellen Moral, aber auch aus einer situativen Angemessenheit erhalten. Nur vereinzelt verweisen Begriffsbestimmungen dabei auf das Völkerrecht als normative Quelle, wobei auch Rechtsnormen grundlegend moralische Vorstellungen fixieren können.

(2) Aspekte des Individuellen als Bezug zu Verhalten und Identität. Wenn Angemessenheit keine abstrakte Moralvorstellung darstellt, sondern als Norm verpflichtend werden soll, sind weitere Aspekte zentral, etwa die Akteure, die diese Verpflichtung anerkennen. Deshalb beziehen sich die meisten Definitionen auch auf handelnde Subjekte. Normen benötigen Adressat*innen, die erstere in ihrem Verhalten umsetzen sollen, damit ihre *Oughtness* nicht ohne Effekte verhallt. Dies unterstreichen Beispiele aus der internationalen Politik wie etwa das Recht auf Frieden, bei dem zwar ein normativ-moralisches Ziel formuliert wird, aber kein konkreter Akteur mit dessen faktischer Herstellung betraut wird. Auch berühren Definitionen, die sich auf die Identität von Akteuren beziehen, den individuellen Aspekt von Normen, indem sie bereits eine Erklärung zur potenziellen Normeinhaltung ausweisen: Es ist plausibel davon auszugehen, dass Normen, die mit dem eigenen Selbstbild nicht nur kompatibel, sondern geradezu konstitutiv, also

grundlegend, sind, potenziell eher eingehalten werden. Umgekehrt gilt, dass Normen weniger wahrscheinlich einhalten werden, wenn diese zwar als angemessen und kollektiv anerkannt gelten, aber den Akteuren fremd bleiben, weil sie keinen Bezug zu ihrer Identität aufweisen. Allerdings ist Identität ein Konzept, das sehr unterschiedlich verwendet wird und auch in der politischen Praxis können verschiedene Identitäten oder Rollen handlungsanleitend sein.

(3) Aspekte des Sozialen als Bezug zu Erwartungen und Intersubjektivität. Fast alle Definitionen benutzen den Begriff der Erwartung, der bereits andeutet, dass es jenseits des handelnden Akteurs noch eine Umwelt gibt. Wie diese soziale Umwelt benannt wird – Kollektiv, Gruppe, Gemeinschaft – variiert zwar, unterstreicht aber, dass von diesem Gegenüber u. a. Erwartungen ausgehen, die aufgrund ihrer intersubjektiven Qualität dem Handelnden auch bekannt sind. Intersubjektivität zeigt in diesem Zusammenhang eine Annahme an, die jenseits subjektiver oder objektiver Qualitäten liegt. Einerseits setzt Intersubjektivität damit nicht nur individuelle und kollektive Erwartungen in einen Zusammenhang, sondern unterstreicht auch, dass wir es mit sozialen Prozessen der Herstellung und Aufrechterhaltung von Bedeutung zu tun haben: Angemessenheit wie Erwartungen müssen sozial immer wieder aktualisiert werden, wenn sie nicht über die Zeit verkümmern sollen. Auch hier verbergen sich verschiedene grundlegende Aspekte von Normen: Erwartungen kommen nämlich nur zustande, wenn eine Norm in einer bestimmten sozialen Gruppe gilt und der handelnde Akteure nicht nur Teil dieser Gruppe ist, sondern auch mit ihren Normen vertraut gemacht wurde. Hier ist insbesondere das soziologische Konzept der Sozialisation relevant, das den Prozess bezeichnet, mit dem Individuen in die Gesellschaft und ihre Normen integriert werden. Über das Erlernen von Normen und Rollen gliedern sich Akteure in die soziale Gruppe ein, übernehmen

soziale Angemessenheitsstandards für ihr Verhalten und richten dieses im Idealfall an kollektiven Erwartungen aus.

(4) Aspekte des Normalen als Bezug zu Orientierung und Sanktionierung. Definitionselemente des Normalen fokussieren auf Regelmäßigkeit und Muster im Verhalten, die von einer etablierten Norm ausgehen (können). Gilt ein Angemessenheitsstandard, taucht er oftmals in der politischen Debatte nicht mehr auf und ist auch den handelnden Akteuren kaum noch bewusst, obgleich sie die Norm einhalten. In solchen Situationen „verschwindet" die Norm förmlich, weil Umsetzung und Einhaltung zu Routinen wurden und sie erst durch Nicht-Einhaltung und die Reaktionen darauf wieder sichtbar wird. Aus Sicht der Normenforschung sind aber insbesondere diese Reaktionen auf die Nicht-Einhaltung relevant, um die Qualität von Normen zu bestimmen: Reagiert das Kollektiv nicht auf normverletzendes Verhalten, spricht das letztlich für eine mangelnde Geltung der Norm. Üblicherweise ist zu erwarten, dass eine Reaktion bei Missachtung von geltenden Normen erfolgt. Diese kann sich in materieller Bestrafung äußern (etwa bei Normen, die auch rechtlich institutionalisiert sind) oder über sozialen Druck erfolgen. Insgesamt zeigen sich hier zwei Effekte von Normen: Als individuelle Orientierung sind sie einerseits hilfreich, weil sie dem Individuum anzeigen, welche kollektiven Erwartungen bezüglich des präferierten Verhaltens bestehen. Andererseits unterstreicht die Frage nach Sanktionierungen auch die Effekte von Normen, die das Handeln von Akteuren nicht allein regulieren, sondern auch bestimmtes Verhalten machtvoll normalisieren. Wie an späterer Stelle noch ausgeführt wird, stellt sich sowohl die Frage nach der Macht sozialer Normen, aber auch nach deren moralisch-politischer Güte.

Diese vier Aspekte von Normen lassen sich zwar analytisch trennen, fallen aber empirisch zusammen. Zudem geht das Spektrum der Definitionen – wie oben sichtbar –

über reine Grundannahmen zu Normen hinaus und fokussiert auch die sozialen wie politischen Kontexte von Normen. Damit geben sie implizite wie explizite Hinweise auf Vorstellungen zu sogenannten Normdynamiken, also sämtlichen Prozessen der Etablierung, Diffusion und Umsetzung von Normen, die ebenfalls in drei Aspekten vorgestellt werden:

(5) Aspekte der Agency als Bezug zu Akteuren. Jenseits des abstrakten Akteurs, auf den die unterschiedlichen Definitionen verweisen, hat die empirische Normenforschung die Akteure konkretisiert und ihre Rolle in Normdynamiken analysiert: Unterschiedliche Akteursgruppen von Staaten über Nichtregierungsorganisationen (NGO)s oder Unternehmen bis zu internationalen Organisationen beschäftigen sich mit internationalen Normen. Dabei variiert das beobachtete Verhalten dieser Akteure: Sie etablieren Normen, besorgen ihre Implementation, verändern sie über Zeit oder fechten sie grundsätzlich oder im Einzelfall an. Diese Varianz an Agency, also an der Fähigkeit, im eigenen Interesse zu handeln, hat die Normenforschung als Rollen für Akteure typologisiert, indem sie u. a. Normunternehmer*innen, Normadressat*innen oder Normsaboteur*innen unterscheidet und neben den Möglichkeiten auch die Bedingungen von Agency in Normdynamiken thematisiert.

(6) Aspekte der Struktur als Bezug zu Ordnung. Wie bereits gesehen, erlauben Normen nicht nur individuelle Orientierung, sondern tragen bei routinemäßiger Einhaltung auch zu gesellschaftlicher wie internationaler Ordnung bei. Dabei können Normen in sozialen Interaktionen wie Strukturen auf Akteure wirken und sie zu Verhaltensänderungen zwingen. Den Zwangsaspekt bilden Definitionen dabei über die Thematisierung von Sanktionen ab, u. a. durch den Verweis auf materielles Recht. Als Strukturen werden Normen durch Institutionalisierung verankert. Sie sind dann nicht mehr allein soziale Normen, sondern stel-

len zugleich die Grundlage internationaler Verträge oder die Arbeitsgrundlage internationaler Organisationen dar. Zusammengenommen verweisen kognitive Anpassung auf der individuellen Ebene wie auch kollektive Institutionalisierung auf den Beitrag von internationalen Normen, Ordnung zu generieren. Da aber international politikfeldspezifische und geografische Unterschiede der Ordnungsbildung beobachtbar sind, handelt es sich bei möglichen Ergebnissen von Normdynamiken eher um normative Ordnungen im Plural.

(7) Aspekte des Prozesses als Bezug zu politischer Praxis. Das Definitionsspektrum zeigt auch, dass sich Normen in praktisch-politischen Prozessen vermitteln, indem sie Normen, Akteure und Situationen in unterschiedlichen Kontexten in Relation zueinander setzen. Die Betonung des Politischen unterstreicht einerseits das Möglichkeitsspektrum zwischen Normaufrechterhaltung und Normanfechtung. Andererseits unterstreicht dieser Hinweis auch, dass Normen immer in Machtstrukturen eingebettet sind, denen sie sich normativ widersetzen, die sie aber auch stützen können. Über Fragen nach Normalisierung oder Naturalisierung wurde in den letzten Jahren auch die „Herkunft" des Normativen als politischer Aushandlungsprozess verstärkt thematisiert, um zu erklären, welche Normen wann und warum erfolgreich etabliert werden konnten. Zugleich thematisieren auch weniger kritische Definitionen prozedurale Aspekte, etwa die verschiedenen Mechanismen der Normeinhaltung (Internalisierung, Sozialisation oder sozialer Druck) oder die Beziehungen zwischen unterschiedlichen Normen.

Insgesamt umfassen die oben genannten Definitionen gut vierzig Jahre normtheoretischer Analysen, was auch die Unterschiede erklären mag. Aus sozialtheoretischer Perspektive hat sich eine gewisse Breite in der Betrachtung von Normen etabliert, die von eher formalistischen bis dynamisch geprägten Definitionen reicht. Während die Bestimmung von Normen durch Carla Winston (2018) formal geprägt ist, weil sie drei Bestandteile (Problem, Wert, Verhalten) als zentral für die Definition erachtet, weisen prozedurale Verständnisse darauf hin, dass Normen keine an sich beständige Qualität zukomme: Als Ergebnis von politischer Praxis sind sie nur temporär stabil, bleiben stets wandelbar und können durch Interaktionen bestätigt oder verworfen werden (Wiener 2007a; Krook und True 2010). Hinter diesem Spektrum liegt eine große Frage, die auch als Gegenüberstellung eines essenzialistischen und eines nicht-essenzialistischen Normbegriffs diskutiert wird. Was heißt das konkret? Einige Autor*innen begreifen Normen essenzialistisch als soziale Tatbestände oder als „Dinge" („norms as things"). Dahinter verbirgt sich die Annahme, dass Normen einen normativen Kern oder eine Essenz besitzen und deshalb ein gemeinsames Verständnis („shared understanding") über die Norm sowie ihre Angemessenheit repräsentieren. Aus einer solchen Perspektive können Normen auch „transportiert", also von Akteuren über Grenzen hinweg verbreitet werden. Somit lässt sich erforschen, wer wann und wie das Verständnis von Normbedeutungen teilt oder ob dieses „shared understanding" ausbleibt und Normen deshalb keine Wirkung entfalten. Ein nicht-essenzialistisches Verständnis von Normen kritisiert die gerade vorgestellten Annahmen: Aus dieser Perspektive haben Normen per se keinen Kern und basieren auch nicht auf einem Konsens über ihre Bedeutung. Weil soziale Phänomene nie als Dinge begriffen werden können, sondern das Soziale stets dynamisch und im Prozess verbleibt, sind Normen politische Prozesse („norms as processes", siehe auch Krook und True 2010). Folglich ist die Bedeutung von Normen nicht nur prinzipiell wandelbar, sondern variiert situativ oder individuell. Als Teil politischer Praxis wird um Normbedeutungen als „meaning-in-use" (Wiener 2007b) gerungen. In dieser

Interaktion werden sie zwar abgeglichen, verbleiben aber oft in einer generellen Umstrittenheit oder Mehrdeutigkeit (Wiener 2018; Linsenmaier et al. 2021). Mittlerweile sprechen deshalb auch nicht mehr alle Ansätze innerhalb der Normenforschung überhaupt von Normen, sondern zum Beispiel von normativen Konfigurationen (Pratt 2020), oder stellen keine eigene Normdefinition vor, die in den vorangegangenen Überblick hätte integriert werden können. Solche interaktiven, nicht-essenzialistischen Perspektiven werden an späterer Stelle erneut aufgenommen.

Diese Ausführungen zeigen, dass die Normenforschung auch selbst dynamisch geblieben ist und empirische Entwicklungen konzeptionell verarbeitet. Die anhaltende Diskussion von Normdefinition sollte demnach nicht als Stillstand missverstanden, sondern als Konkretisierung oder auch Ausdifferenzierung betrachtet werden. Mit dem dargestellten Spektrum gehen zudem Implikationen für die Erforschung von Normen einher, weil das Wesen von Normen bestimmt, welche Effekte und Wirkungen von ihnen in der internationalen Politik erwartet werden kann: Wenn Normen nicht als beständig und konsensual begriffen werden können, sondern auch ihre prinzipielle Wandlungsfähigkeit und politische Umstrittenheit berücksichtigt werden müssen, dann genügt u. U. der analytische Fokus auf Normverbreitung oder -einhaltung nicht, sondern Veränderung, Kritik oder Ablehnung von Normen müssen ebenfalls analysiert werden. Dies wird in den kommenden Kapiteln vertieft.

2.1.2 Typen, Effekte und Kausalität von Normen

Die Definitionselemente verweisen auch darauf, was Normen nicht sind und was sie von Regeln, Recht oder Ideen unterscheidet. Dabei zeigt sich eine gewisse Nähe des Konzepts der „Norm" zur „Regel" bereits begrifflich durch den Bezug auf Regelmäßigkeit. Als Verhaltensstandards können Regeln auch eine Orientierungshilfe sein, wodurch die Differenzen zwischen Regeln und Normen eher gering erscheinen, weil Regeln den „normalen" Aspekt von Normen ebenfalls aufweisen. Allerdings fehlt ihnen die normative Qualität, die Normen auszeichnet (Duffield 2007). Auch unterscheiden sich soziale Normen von Rechtsnormen, sowohl hinsichtlich ihrer Form als auch bezüglich ihrer Sanktionsmöglichkeit: Einige Autor*innen sehen dabei eher graduelle Unterschiede, weil sie rechtliche Normen als Kodifizierung sozialer Normen begreifen, die durch spezifische Prozedere als Recht anerkannt werden (Finnemore 2000). Allerdings kann der Unterschied auch fundmentaler verstanden werden, denn im Gegensatz zu sozialen Normen kann Recht zumeist auf materielle Sanktionierung und institutionalisierte Durchsetzung zurückgreifen und besitzt somit gänzlich andere Steuerungsmöglichkeiten (Deitelhoff 2006). Von Ideen oder Überzeugungen hingegen lassen sich Normen recht gut unterscheiden, weil die beiden zuerst genannten Phänomene letztlich individuell verbleiben. Sie müssen weder intersubjektiv in einer Gruppe geteilt werden, noch gibt es eine kollektive Verhaltenserwartung, die eventuell auch Sanktionierung bei Nicht-Einhaltung einschließt (Goldstein und Keohane 1993).

Zugleich lassen sich auch verschiedene Typen von Normen charakterisieren, die entlang ihrer geografischen Reichweite, ihres normativen Gehalts oder Geltungsbereichs sowie ihres regulativen Zwecks differieren. In der Reichweite kann dabei zwischen universellen und partikularen Normen unterschieden werden, die sich auch oftmals als global, regional, national oder kulturell geprägte Normen darstellen (Acharya 2004). Weil Normdynamiken regelmäßig räumliche Ebenen überschreiten, stellt sich auch die

Frage nach der Anschlussfähigkeit von Normen auf verschiedenen Ebenen (Cortell und Davis 2000; Checkel 1997). Aber auch hinsichtlich ihres Geltungsbereichs sowie ihres normativen Gehalts variieren Normen: Demnach lassen sich etwa Fundamentalnormen wie Menschenrechte, Demokratie oder Rechtsstaatlichkeit von Organisationsprinzipien wie der gemeinsamen, aber unterschiedlichen Verpflichtung im Bereich der Klimagovernance oder standardisierten Verfahren wie z. B. Wahlregeln unterscheiden (Wiener 2018, S. 62). Ähnlich argumentieren Typologien, die substanzielle Normen wie Gerechtigkeit von prozeduralen Normen wie Partizipation unterscheiden – obgleich sie häufig in einem direkten Verhältnis stehen, weil prozedurale Normen an substanzielle Normen gekoppelt sind oder Letztere in Verfahrensnormen übersetzt werden müssen (Rosert 2024, S. 25). Schließlich lassen sich auch verschiedene Normtypen entlang ihres regulativen Zwecks benennen. Diese Unterscheidung bezieht sich vor allem darauf, welche konkrete Funktion bestimmte Normen bereitstellen und differenziert dabei zwischen konstitutiven und regulativen Normen (Finnemore und Sikkink 1998, S. 891). Während regulative Normen zuverlässig verregeln, was als erwartete Handlung gilt, schaffen konstitutive Normen erst Bedeutungen und definieren so akzeptables wie nicht akzeptables Verhalten. Ganz anschaulich formuliert: Normen der Straßenverkehrsordnung verregeln einerseits sämtliche Aspekte des Verkehrs auf Straßen, andererseits definieren sie auch erst, wer in welcher Form als Teilnehmer*in des Verkehrs gilt (Auto- oder Radfahrer*in, Fußgänger*in) und mit welchen Rechten und Pflichten (etwa Vorfahrt etc.). Allerdings herrscht mittlerweile weitgehend Einigkeit darüber, dass Normen immer sowohl regulativ als auch konstitutiv wirken und es sich somit nicht um verschiedene Normtypen, sondern um verschiedene Effekte von Normen handelt (Deitelhoff 2006, S. 45). Darüber hinaus ist der regulative Zweck auch relevant, weil zwischen Normen unterschieden werden kann, die als Verbote formuliert sind und jenen, die einen vorschreibenden Charakter haben. Forschung zeigt hier nicht nur, dass Gebote andere Effekte als Verbote produzieren können (Tannenwald 1999), sondern dass von diesen Normen jenseits ihrer eigentlichen Intention zudem nicht-intendierte Effekte ausgehen, die auch Normdynamiken formen können (Rosert 2024).

Schließlich führte die Frage nach der Wirkung von Normen ebenfalls zu Debatten, weil diese nicht „mechanistisch" begriffen werden kann. Normen wirken also nicht in derselben Art kausal, wie etwa in den Naturwissenschaften angenommen werden kann, dass unter gleichbleibenden Bedingungen immer bestimmte Effekte auftreten. Stattdessen betont die Normenforschung, dass die Wirkung von Normen eine empirische Frage ist, weil die Kausalkraft von Normen nicht allein von ihnen selbst ausgeht, sondern von den jeweiligen Akteuren und Kontexten beeinflusst wird (Jepperson et al. 1996, S. 55–56). Generell kommt hinzu, dass Normdefinitionen auch deren sogenannte „kontrafaktische Geltung" betonen (Kratochwil und Ruggie 1986, S. 767). Es wird also davon ausgegangen, dass Normen, um Wirkungen zu zeitigen, gar nicht zwingend eingehalten werden müssen. Im Gegenteil: Normverletzungen können die Geltung der verletzten Norm sogar stärken, wenn Akteure die Missachtung verurteilen und damit ihre Gültigkeit unterstreichen. Insgesamt kommt Normen somit eine weichere Form von Kausalität zu (Björkdahl 2002, S. 12), die die Wirkungen von Normen eher darin sieht, dass sie Handlungen beschränken und zugleich ermöglichen:

„[..] norms can be thought of only with great difficulty as 'causing' occurrences. Norms may 'guide' behavior, they may 'inspire' behavior, they may 'rationalize' or 'justify' behavior, they may express 'mutual expectations' about behavior, or they may be ignored. But they do not effect cause in the sense that a bullet through the heart causes death or an uncontrolled surge in the money supply causes price inflation" (Kratochwil und Ruggie 1986, S. 767).

Somit nimmt Normenforschung keine deterministisch verstandene Kausalität im Sinne einer zwingenden Ursache-Wirkung-Beziehung an. Stattdessen geht sie (zumindest implizit) von probabilistischen Kausalitätsvorstellungen aus, die also die Wahrscheinlichkeit für bestimmtes Handeln beeinflussen. Konkreter: Während Verbotsnormen die Wahrscheinlichkeit einer Handlung vermindern, erhöhen Gebotsnorm diese Wahrscheinlichkeit durchaus (Rosert 2012, S. 606).

2.2 Was ist IB-Normenforschung?

Ausgehend von den vorgestellten Konzeptualisierungen von Normen ergeben sich unterschiedliche Anforderungen an Forschung, die Normen analysieren möchte: Prinzipiell muss sie in der Lage sein, normative Phänomene und deren Effekte zu fassen, selbst wenn Normwirkungen nicht kausal verstanden werden, sondern sich in ermöglichenden wie beschränkenden Effekten zeigen. Dabei sollte sie nicht nur den immateriellen Charakter von Normen erfassen können, sondern auch konzeptualisieren, warum Akteure sich in ihrem Handeln an Normen ausrichten – oder eben nicht. Wie der folgende Überblick verdeutlicht, findet die Etablierung der Normenforschung historisch gesehen vor dem Hintergrund der disziplinären Auseinandersetzung mit unterschiedlichen sozialtheoretischen Ansätzen statt. Um die unterschiedlichen Erklärungen von Normdynamiken nachvollziehen zu können, werden mit Rationalismus und

Konstruktivismus zwei metatheoretische Perspektiven dargestellt, die als Vierte Debatte (Kurki und Wight 2021, S. 18) den historischen Kontext darstellen, vor dem sich die IB-Normenforschung etabliert hat. Zugleich speisen sich bis heute zahlreiche konzeptionelle Debatten über den Charakter sowie Effekte von Normen und deren Dynamiken aus den beiden Metatheorien. Weil aktuelle Diskussionen in der Normenforschung ohne dieses Wissen über sozialtheoretische Grundlagen kaum verstehbar sind, holt das Kapitel weiter aus. So soll für die Unterschiede und Gemeinsamkeiten verschiedener Zugänge in der Normenforschung sensibilisiert werden, bevor vier spezifische Wirkungspfade von Normen vorgestellt und diskutiert werden. Weil diese Wirkungspfade auf unterschiedliche individuelle wie kollektive Prozesse rekurrieren und dabei sowohl Rhetorik wie Handeln thematisieren, muss zudem über Fragen des Materials und der Methoden zur Erforschung von Normen reflektiert werden.

2.2.1 Auf welchen Annahmen basiert die IB-Normenforschung?

Grundsätzlich bezieht sich die Debatte zwischen Rationalismus und Konstruktivismus auf drei Ebenen, die kompliziert klingen, weil sie philosophische Begriffe nutzen, die im Alltag nicht gängig sind: Ontologie, Epistemologie und Methodologie. Allerdings haben die drei Termini wie alle Fachbegriffe den Vorteil, dass sie komplexe Zusammenhänge bündeln und Typisches benennen. Mit Ontologie ist die Lehre vom Sein gemeint. Ontologische Fragen thematisieren „die Realität", fragen also nach der Beschaffenheit der Welt und ihren Phänomenen. Dabei geht es im engeren philosophischen Verständnis darum, ob die Welt auf stets beobachtbaren, materiellen Phänomenen fußt oder ob auch immaterielle Phänomene sowie die Wahrnehmung bzw. Interpretation von Materie entscheidend sind (Bryman 2008, S. 18–19). In einem IB-Verständnis kann Ontologie auch so übersetzt werden, dass ontologische Vorstellungen unterschiedliche „Welten" entwerfen: So steht etwa die durch Staaten, Anarchie und Macht geprägte Welt des Realismus einer durch Interessen, Interdependenzen und Kooperation geprägten institutionalistischen Welt gegenüber. Gemeinhin gilt Ontologie als grundsätzlichste Dimension, die somit auch der Epistemologie als Lehre von der Erkenntnis vorausgesetzt ist (Hay 2002, S. 64). Epistemologische Fragen beleuchten, wie über die jeweilige „Welt" (oder ontologische Vorstellung) etwas gewusst werden kann: Wenn die Welt vornehmlich aus materiellen Phänomenen besteht, lassen sich diese recht einfach beobachten, während immaterielle Phänomene entweder über Umwege beobachtet oder gänzlich anders erschlossen werden müssen, etwa durch das Verstehen und Interpretieren von sog. Artefakten, also Wissensbeständen, die sich über Sprache, Texte, Diskurs oder in Praktiken vermitteln (Lebow 2022, S. 54–55). Anders als bei der reinen Beobachtung entsteht hier allerdings eine Interaktion mit dem Forschungsgegenstand, indem Texte ausgewertet und Akteure befragt werden oder an Praktiken teilgenommen wird. Aufgrund ontologischer wie epistemologischer Annahmen überlegt schließlich die Methodologie als Lehre von den Methoden, welche Erhebungs- und Auswertungsmethoden zur Anwendung kommen und ob eher quantitative und qualitative Methoden genutzt werden sollten (Kurki und Wight 2021, S. 14).

Insgesamt repräsentieren Ontologie, Epistemologie und Methodologie eine metatheoretische Trias, die nicht im engeren Sinne inhaltlich argumentiert, sondern theoretische Aussagen über Theorie macht. Die Streitpunkte zwischen Rationalismus und Konstruktivismus liegen dabei vor allem auf ontologischer sowie epistemologischer Ebene. Beide fragen also nach der Beschaffenheit der Welt und wie Wissen über diese Welt erlangt werden kann. Anhand von sechs Punkten kennzeichnet der folgende Überblick zentrale Unterschiede, die zudem in Tab. 2.2 zusammengefasst sind.

Zunächst sollen zwei *Vorstellungen von „Welt"* unterschieden werden: Der Rationalismus begreift seine „Welt" vorrangig über die Beschäftigung mit materiellen Dingen, nicht, weil es immaterielle Faktoren nicht gäbe, sondern weil diese schlecht beobachtbar und erfassbar sind. Materielle Phänomene gelten hingegen als objektiv vorhanden. Demgegenüber geht der Konstruktivismus davon aus, dass (auch materielle) Phänomenen wahrgenommen werden müssen, weshalb die „Welt" auf Interpretationsprozessen basiert. Da Perzeptionen, also Wahrnehmungen, individuell geprägt sind, verbietet sich aus dieser Sicht die Annahme einer objektiven Realität. Stattdessen kann argu-

Tab. 2.2 Gegenüberstellung der Grundzüge von Rationalismus und Konstruktivismus. (Quelle: Eigene Darstellung)

	Rationalismus	Konstruktivismus
Vorstellungen von „Welt"	Materiell	Immateriell und materiell
Verhältnis von Akteur und Struktur	Methodologischer Individualismus, Bevorzugung von Akteuren	Strukturation, Wechselverhältnis von Struktur und Akteur
Akteurskonzeption	Homo oeconomicus	Homo sociologicus Homo politicus
Handlungslogik	Logik der Konsequenzen	Logik der Angemessenheit Logik des Argumentierens
Kommunikationsmodus	Bargaining	Arguing
Rolle von Sprache	Abbildend	Produktiv
Wissenschaftstheoretische Orientierung	Positivismus	Post-Positivismus

mentiert werden, dass die Erfahrung der Welt generell subjektiv ist. Allerdings ist diese Annahme nicht repräsentativ für den gesamten Konstruktivismus, sondern informiert vor allem sogenannte postmoderne Ansätze (Barnett 2020, S. 195–197).

Zwischen beiden Polen verortet sich der moderate Sozialkonstruktivismus als Mittelposition, die von einem Zusammenspiel materieller mit nicht-materiellen Phänomenen ausgeht und bei der Wahrnehmung auf die Relevanz von über-individuellen Interpretationsprozessen verweist. Sozialkonstruktivistische Perspektiven arbeiten sich an neorealistischen wie institutionalistischen Gewissheiten gleichermaßen ab, indem der Rationalismus als eine materielle, aber auch strategisch-rationale Perspektive hinterfragt wird. Grundlegend für diesen Konstruktivismus ist der Text „Anarchy is what states make of it" von Alexander Wendt (1992), in dem er verdeutlicht, dass die Bedrohung durch Atomwaffen nicht von den Waffen per se ausgeht, sondern sich über die Wahrnehmung dieser Waffen im Lichte unterschiedlicher Beziehungen zwischen Staaten vermittelt. Bei freundschaftlichen Beziehungen ist auch eine große Anzahl von Atomwaffen keine konkrete Bedrohung, während bereits wenige Waffen in der Hand eines „Feindes" als äußerst bedrohlich wahrgenommen werden. Was Wendt über dieses Beispiel verdeutlicht: Es sind nicht materielle Größen politisch entscheidend, etwa die Anzahl der Waffen, sondern ideelle Faktoren wie Identitäten, die als soziale Fakten die beobachtbaren Ergebnisse internationaler Politik erklären. Die Realität ist somit weder objektiv gegeben noch allein subjektiv erfahrbar, sondern ein intersubjektiver Prozess. Intersubjektivität meint hierbei, dass Wissen, Ideen und Bedeutungen nicht auf Individuen reduzierbar sind, sondern immer in Kollektiven unterschiedlicher Größe (Gruppen, Milieus, Kulturen usw.) sozial geteilt werden und aus Interaktionen in diesen Kollektiven erwachsen

(Adler 2002, S. 100). In Fortführung dieser Überlegungen etablierte sich in den 1990er-Jahren eine Perspektive auf internationale Politik, die ideellen Phänomenen wie Normen, Ideen, Wissen oder Identität eine eigenständige Kausalität und somit Effekte beimisst (Goldstein und Keohane 1993; Adler 2002). Wenn im Folgenden von Konstruktivismus ohne weitere Einschränkung gesprochen wird, so ist genau diese sozialkonstruktivistische Vorstellung gemeint.

Der zweite ontologische Unterschied zwischen Rationalismus und Konstruktivismus betrifft das *Verhältnis zwischen Akteur und Struktur*, was in der Literatur als Akteur-Struktur-Problem thematisiert wird (Wendt 1987). Während bestimmte Theorien wie der Marxismus oder der strukturelle Neorealismus die soziale Welt über die Effekte von Strukturen – hier Kapitalismus, dort Anarchie – erklären, nutzen andere Theorien vor allem akteursbezogene Aspekte wie Handeln oder Verhalten, um darüber die soziale Realität zu erklären. Diese „methodologischer Individualismus" genannte Perspektive, nimmt an, dass kollektive Phänomene auf das Handeln von Individuen zurückführbar ist (Kunz 2004, S. 10). Sie ist ein weiterer Unterschied zwischen rationalistischen Ansätzen, die von dieser individuellen Perspektive ausgehen, und konstruktivistischen Ansätzen, die dies in Frage stellen. Wieder ist es Alexander Wendt, der einen maßgeblichen Impuls für diese Debatte gab, indem er über den Zusammenhang von Akteur und Struktur in IB-Theorien reflektierte und für ein Zusammendenken beider Entitäten plädierte (Wendt 1987). Aus seiner Sicht argumentieren sowohl akteurs- wie strukturorientierte Ansätze reduktionistisch, weil sie komplexe Phänomene kausal entweder nur auf Akteurshandeln oder auf Struktureffekte zurückführen und das jeweilige Komplementär einfach ausblenden. Eine von ihm vorgeschlagene Position setzt weder Akteure noch Strukturen absolut. Stattdessen nutzt er den Begriff „Strukturation" des britischen Soziologen Anthony Giddens (1988), um die Interaktion zwischen Struktur und Akteur zu fokussieren. Durch diese wechselseitige Konstitution wird nicht reduktionistisch argumentiert, sondern das Soziale grundlegend als ein Prozess verstanden, bei dem Struktureffekte wie Akteurshandeln aufeinander bezogen sind und sich gleichermaßen bedingen wie verändern. Dieser Unterschied ist auch für die Normenforschung relevant: Während rationalistische Perspektiven eher vom Individuum auf Normen schauen, bleiben aus konstruktivistischer Perspektive internationale Normen dem Akteur nicht äußerlich, sondern befinden sich in Interaktion mit Akteuren, die sie geschaffen haben und aufrechterhalten – oder verändern. Wie sich allerdings zeigen wird, gibt es in der konstruktivistischen Normenforschung durchaus frühe Studien, die Normen auf Strukturen im Sinne einer Beschränkung für Akteure reduzieren und somit eine Interaktionsperspektive vernachlässigen.

Drittens beschäftigen Rationalismus wie Konstruktivismus unterschiedlich mit *Konzeptionen von Akteuren* sowie viertens mit deren *Handlungslogiken*. Dabei ist die rationalistische Konzeption des Akteurs und seiner Handlungslogik recht eindeutig: Akteure handeln, indem sie sich an ihren Präferenzen orientieren, welche durch die Umwelt – etwa den Präferenzen anderer – begrenzt werden. Vor dem Hintergrund von individuellen Interessen wie kollektiven Beschränkungen wird durch den Abgleich von antizipierten Kosten und Nutzen eine individuelle Präferenzordnung gebildet und davon ausgehend eine Handlungsoption ausgewählt. Diese Akteurskonzeption wird in den Sozialwissenschaften auch *homo oeconomicus* genannt wird, weil er auf der Basis dieser Kosten-Nutzen-Kalkulationen entscheidet und handelt (Kunz 2004, S. 36–41). Dabei folgt er einer *Logik der erwartbaren Konsequenzen*, die sämtliche Entscheidungen strategisch vom Ergebnis aus denkt (March und Olsen 1998, S. 949). Obgleich moderne rationalistische Theorien davon ausgehen, dass der *homo oeconomicus* nicht zwingend egoistisch handeln muss, sondern auch Altruismus abbildbar ist, bleibt er dennoch ein rational an Konsequenzen ausgerichtetes Individuum. So zeigen sich auch Grenzen rationalistischer Erklärungen. Beispielsweise lässt sich Normbildung im Bereich der Menschenrechte nur bedingt über Kosten und Nutzen erklären: Wenn Staaten etwa ein UN-Menschenrechtssystem finanzieren sollen, das ihnen jenseits der Kosten keinen Nutzen erbringt, weil sie bereits Menschenrechte einhalten, wäre dies ein Grund für rational handelnde Akteure, sich aus solchen Gremien zurückzuziehen. Allerdings lässt sich dieses Verhalten empirisch kaum beobachten.

Konstruktivistische Ansätze kritisieren diese Fokussierung auf das Individuum und stellen auch die Grundsätzlichkeit des Kosten-Nutzen-Kalküls für das Handeln von Akteuren infrage. Insgesamt entwickeln sie Gegenpositionen hinsichtlich der *Akteurskonzeption*, der *Handlungslogik* und später auch des *Kommunikationsmodus*. Im Gegensatz zum rationalistischen *homo oeconomicus* begreifen sozialkonstruktivistische Ansätze die Akteure als Rollenspieler, die ihr Handeln an gesellschaftlichen Erwartungen ausrichten. Der sogenannte *homo sociologicus* orientiert sich an kollektiven Vorstellungen und folgt in seiner Handlungsausrichtung nicht der Logik erwartbarer Konsequenzen, sondern einer *Logik der Angemessenheit* (March und Olsen 1998). Weil kollektive Angemessenheitsstandards individuelle Handlungen motivieren, lässt sich das Beispiel der Menschenrechtskooperation über den *homo sociologicus* relativ einfach erklären: Weil der Schutz von Menschenrechten als „richtig" gilt und sozial erwartet wird, kommt selbst kostspielige Kooperation zustande. Allerdings zeigt sich hier eine Akteurskonzeption, die fixe Angemessenheitsstandards voraussetzt und somit eine grundlegende Annahme konstruktivistischer Ansätze vernachlässigt, nämlich die Dynamik, das Prozesshafte und die Interaktion des Sozialen. Implizit wird also die Strukturation durch eine Hierarchie ersetzt, die Strukturen bevorzugt. Somit stellen sich zentrale Fragen neu, etwa wie Normen und normativer Wandel entstehen oder wie sich Akteure bei uneindeutiger Angemessenheit entscheiden, etwa in einer Situation konkurrierender Normen. Mit dem *homo politicus* wird eine Akteurskonzeption vorgeschlagen, über die sowohl strategisches als auch soziales Handeln erklärt werden kann (Crawford 2009, S. 105). Zugleich ist sie anschlussfähig an die Strukturation, also die wechselseitige Konstitution von Akteur und Struktur, in der die Akteure ständig die Realität verhandeln, in der sie leben.

Ausgehend von Akteurskonzeptionen und Handlungslogiken hat sich fünftens eine Debatte zwischen rationalistischen und konstruktivistischen Perspektiven über den *Kommunikationsmodus von Akteuren* und sechstens *die Rolle von Sprache* entwickelt. Wie die konstruktivistische Forschung festhält, ist Kommunikation von Akteuren in Interaktionen entscheidend, weshalb auch die Handlungstheorie und die Diskursethik von Jürgen Habermas für die IB fruchtbar gemacht wurden, in der Sprache und Argumentation eine prominente Rolle zukommen (Risse 2000; Müller 2004). Habermas geht von zwei Idealtypen kommunikativer Situationen aus, also von konzeptionellen Überlegungen, die in dieser Form empirisch nicht zu beobachten sind. Dennoch lassen sich diese Idealtypen analytisch nutzen, um zu prüfen, inwiefern die empirische Situation ihnen entspricht. Die erste Situation ist rationalistisch geprägt und basiert auf der Logik der Konsequenzen. Über strategisches Handeln möchten Individuen ihre Vorstellungen durchsetzen, indem sie auch nicht-kommunikativen Druck erzeugen oder taktisch kommunizieren. Diese instrumentelle Nutzung von Kommunikation durch den *homo oeconomicus* wird als *Bargaining* bezeichnet (Risse

2000, S. 8). In einer anderen Situation engagieren sich Akteure über verständigungsorientiertes Handeln und folgen weder der Logik der Konsequenzen noch der Logik der Angemessenheit, sondern einer kommunikativen Rationalität, bei der sie sich allein an der Kommunikation und der Argumentation selbst ausrichten. Was heißt das konkret? In einer „idealen Sprechsituation" ermöglicht die Ausrichtung der Akteure auf einen Wettbewerb von Argumenten den „zwanglosen Zwang des besseren Arguments": Alle Diskutierenden sind prinzipiell bereit, sich von den Argumenten anderer Akteure überzeugen zu lassen, und argumentieren so lange, bis ein Konsens hergestellt ist, den Teilnehmende nicht mehr infrage stellen (Deitelhoff und Müller 2005, S. 168). Als *Arguing* steht dieser konstruktivistisch orientierte Kommunikationsmodus dem rationalistischen *Bargaining* gegenüber, ihm liegt eine *Logik des Argumentierens* zugrunde (Risse 2000).

Anschlussfähig sind diese Überlegungen auch an die Normenforschung, denn laut der Diskursethik von Habermas haben Regeln oder Normen, die innerhalb dieser „idealen Sprechsituation" zustande kommen, einen erheblichen Vorteil: Weil im verständigungsorientierten Handeln alle Argumente ausgetauscht und gehört, ihnen widersprochen und neue Argumente geprüft wurden, benötigen hier entwickelte Normen angesichts des erzielten Konsenses keine Sanktionen, um anerkannt und eingehalten zu werden. Weil sich die von der Norm Betroffenen ja auf die konkrete Gestalt der Regel geeinigt haben, ist es auch in ihrem Interesse, sie umzusetzen (Flügel-Martinsen 2013). Allerdings wurden auch Einwände gegen diese Fruchtbarmachung von Habermas für die Normenforschung (und die IB) vorgetragen: So zeigte sich unter anderem, dass *Arguing* und *Bargaining* empirisch schwer zu unterscheiden sind (Holzinger 2001, Deitelhoff und Müller 2005) und dass *Arguing* generell nur selten in „Inseln der Überzeugung" (Deitelhoff

2009) bei internationalen Verhandlungen auffindbar ist. Jedoch führt der Konstruktivismus in den IB auch zu einer Thematisierung der *Relevanz von Sprache*, die hier aber eher als Medium des Politischen begriffen wird und oftmals – ähnlich wie im Rationalismus – als Instrument gilt, das Akteure im Diskurs nutzen können. Kritische Ansätze im Konstruktivismus gehen hingegen davon aus, dass Sprache nicht nur Dinge abbildet, sondern produktiv ist. Indem sie kommunikativ herstellt, worüber sie spricht, ist Sprache wirkungsmächtig und konstituiert kollektive Vorstellungen über die Welt, die sich einer individuellen strategischen Nutzung entziehen (Herschinger und Renner 2024).

Schließlich lassen sich auch für die Normenforschung relevante Unterschiede benennen, die eher die epistemologische Ebene adressieren, indem sie die *wissenschaftstheoretische Orientierung* thematisieren. Debattiert wird hier zwischen Rationalismus und Konstruktivismus, wie Wissenschaft betrieben werden soll. In den IB hat sich nach der sogenannten Zweiten Debatte der Positivismus als wissenschaftstheoretische Position durchgesetzt, die darauf abzielt, sozialwissenschaftliche Forschung über die Orientierung an gemeinsamen Standards systematisch zu integrieren und somit in Summe das Wissen über die soziale Welt zu vergrößern (Lebow 2022, S. 47–52). Dabei stützt sich eine grundlegende Vorstellung des Positivismus auf zwei Fundamente, die die „Wissenschaftlichkeit" von Forschungsaktivitäten sichern sollen: Wissenschaftliches Wissen bezieht sich immer auf Empirie, also Phänomene, die in der Realität beobachtbar sind, und wissenschaftliches Wissen wird systematisch gewonnen, d. h. die Qualität von Forschungsprogrammen und die Einhaltung von Gütekriterien macht Wissen zu wissenschaftlichem Wissen. Während rationalistisch geprägte (Normen-)Forschung positivistisch orientiert ist, zeigt sich im Konstruktivismus ein größeres Spektrum an Orientierungen: Frühe Konstruktivist*innen kombinierten eine nicht-materielle Ontologie durchaus mit einem positivistischen Wissenschaftsverständnis, indem sie etwa auf die Analyse der Kausaleffekte von Normen abhoben. Mittlerweile nehmen Konstruktivist*innen hingegen oftmals eine Position jenseits positivistischer Forschung ein. Der sogenannte Postpositivismus ist dabei eine heterogene Sammelkategorie wissenschaftstheoretischer Vorstellungen, die eint, dass sie den Positivismus als dominante Forschungssystematik hinterfragt (Kurki und Wight 2021, S. 20–22). Die epistemologischen Orientierungen reichen von sinnverstehend-interpretativer Rekonstruktion bis zu machtkritischer Dekonstruktion. Letztere, poststrukturalistisch genannte Ansätze, die den Fokus auf Macht und deren Effekte im Diskurs legen, werden an späterer Stelle noch detaillierter vorgestellt (siehe Abschn. 4.2). Insgesamt sind sie Teil eines sich selbst „kritisch" oder „konsistent" bezeichnenden Konstruktivismus (Fierke 2021, S. 169), der die Wechselseitigkeit von Akteur und Struktur ernst nimmt, indem er auf Interaktionen, Dynamiken und Prozesse verweist und der jenseits des positivistischen Spektrums der Disziplin interpretative oder dekonstruierende Verfahren nutzt.

Zusammenfassend kann festgehalten werden, dass der Austausch über metatheoretische Annahmen zwischen Rationalismus und Konstruktivismus sowie innerhalb des Konstruktivismus in den IB auch den Grundstein für den bis heute sichtbaren Pluralismus innerhalb der Normenforschung gelegt hat. Während sich diese durch den Sozialkonstruktivismus maßgeblich etablieren konnte, verweisen rationalistische Forschungen mit ihrem Fokus auf materielle Institutionen und schriftlich fixierte Normen sowie der kritische Konstruktivismus mit seiner Betonung von vermachteten Prozessen in Normdynamiken auf Alternativen. Wie das nächste Kapitel verdeutlicht, nutzt die Normenforschung diese unterschiedlichen metatheoretischen Annahmen, um die Wirkung von Normen zu erklären.

2.2.2 Wie erklärt die IB-Normenforschung die Wirkung von Normen?

Vor dem Hintergrund rationalistischer wie konstruktivistischer Annahmen ergeben sich verschiedene Zugänge zur Erforschung von Normen, deren Erklärungen im Folgenden als Wirkungspfade idealtypisch unterschieden werden. Mit der Metapher der Wirkungspfade soll eine spezifische Anordnung von Annahmen verdeutlicht werden, die in Summe die Wirkungen von Normen (oder deren Ausbleiben) erklären möchte. Ausgehend von ihren grundlegenden Vorstellungen über Normen legen solche Wirkungspfade unterschiedliche sozialtheoretische Annahmen zugrunde, die die Relation zwischen Akteur und Norm informieren, über spezifische Prozesse oder Etappen die Verbreitung konzeptualisieren und dadurch die Effekte und Wirkungen von Normen begründen. Über verschiedene Dimensionen – Normbedeutung, Handlungslogiken, Legitimität und Normübernahme – lassen sich so vier Wirkungspfade systematisieren, die Tab. 2.3 in vergleichender Absicht festhält.

Dabei charakterisieren die Wirkungspfade die Normbedeutung als erste Dimension recht unterschiedlich: Während einige Pfade davon ausgehen, dass Normen stabile, teilweise verschriftlichte Phänomene darstellen, zu denen sich Akteure verhalten können oder müssen, nehmen andere Pfade an, dass Normen soziale Interaktionen kennzeichnen und kontinuierlich hergestellt werden müssen. Hier zeigen sich auch Unterschiede bei der Frage, wie stabilisierbar Normbedeutungen prinzipiell sind: Während manche Vorstellungen in der Normenforschung ein normatives „shared understanding" als Ergebnis diskursiver Austauschprozesse erwarten, welches individuelle wie kollektive Aktivitäten anleitet, gelten Normen und die in ihr angelegten Bedeutungen in anderen Ansätzen als prinzipiell offen und mehrdeutig, sodass sie in konkreten sozialen Situationen adaptiert werden und nur situativ ein „meaning-in-use" erlangen (Wiener

Tab. 2.3 Wirkungspfade von Normen im Vergleich. (Quelle: Eigene Darstellung)

	Individueller Wirkungspfad	Kollektiver Wirkungspfad	Deliberativer Wirkungspfad	Agonaler Wirkungspfad
Normbedeutung	Stabil	Stabil	Stabilisierbar	Prinzipiell offen
Handlungslogik	Konsequenzen	Angemessenheit	Argumentieren	Umstrittenheit
Legitimität durch	Interesse	Intersubjektivität	Verständigung/ Überzeugung	Kontestationsmöglichkeiten
Normübernahme durch	Eigennutz oder Sanktionen	Sozialisation	Internalisierung	Prozesse des "meaning-in-use"

2018; Linsenmaier et al. 2021). Demgegenüber erfasst die zweite Dimension über Handlungslogiken, was aus sozialtheoretischer Perspektive Akteurshandeln generell motiviert. Durch die individuellen wie sozialen Aspekte von Normen wird also thematisiert, ob und wie Normen konkretes Handeln überhaupt anleiten können. Prinzipiell wurde dazu bislang zwischen der Logik der erwartbaren Konsequenzen, der Logik der Angemessenheit und der Logik des Argumentierens unterschieden. Nun wird noch die Logik der Umstrittenheit hinzugefügt, die sich aus einer kritischen Perspektive vor allem auf die Relevanz von Streit für politische Prozesse sowie die Inklusion von Stakeholdern fokussiert. Als dritte Dimension kann dagegen über die Legitimitätsdimension ermittelt werden, woher Normen ihre Geltung beziehen. Somit steht die Anerkennung von normativen Standards im Fokus. Üblicherweise basiert die Geltung von Herrschaft und sozialer Ordnung auf der Anerkennung ihrer Legitimität durch betroffene Akteure (Weber 2006, S. 40). Ein solcher Legitimitätsglaube ist auch für die IB relevant, weil er Prozesse internationaler Herrschaftsanerkennung durch Individuen und Kollektive jenseits von purem Eigeninteresse oder externem Zwang erklären kann (Steffek 2003, S. 255; Hurrell 2005, S. 16). Somit ist die wahrgenommene Legitimität auch ein entscheidender Faktor, um Normen als Teil von Ordnungen zu etablieren. Schon früh hat Ann Florini (1996, S. 365) diesbezüglich explizit für Normen festgehalten: „Norms are obeyed not because they are enforced, but because they are seen as legitimate" (Florini 1996, S. 365). Dennoch gibt es in der Normenforschung unterschiedliche Vorstellungen darüber, worauf die Legitimität von Normen beruht. Die vierte Dimension adressiert schließlich, wodurch eine Normübernahme in praktisches Akteurshandeln wahrscheinlicher wird. Dazu kann zwischen internen und externen Ansätzen unterschieden werden, bei denen Normen als den handelnden Akteuren äußerlich erachtet oder von ihnen als identitär und somit als verinnerlicht vor-

2 Zwischen Normalität und Normativität: ...

gestellt werden (Goertz und Diehl 1992, S. 643). Hinzu kommen Perspektiven, bei denen diese Unterscheidung kaum möglich ist, weil interne wie externe Prozesse die Normübernahme wahrscheinlicher machen. Insgesamt ist die Unterscheidung der Wirkungspfade über die vier Dimensionen allerdings vor allem analytischer Natur, weil klassische Modelle der Normenforschung zeigen konnten, dass verschiedene Pfade gleichzeitig oder in Kombination wirken.

Der *individuelle Wirkungspfad* geht von internationalen Normen aus, deren Bedeutung stabil ist und die über ihre Formalisierung politische Effekte entwickeln können. Weil sie etwa durch Völkerrecht oder internationale Resolutionen verschriftlicht wurden, sind sie Teil der Umwelt, an der sich das handelnde Individuum orientieren muss. Zur Erklärung der Normwirkung greift dieser Wirkungspfad auf die rationalistischen Erklärungen aus der institutionalistischen Kooperationsforschung zurück, bei der Institutionen wie Regime internationale Kooperation stabilisieren, wenn diese im Sinne des Akteurs ist (Krasner 1983). Als Handlungslogik erklärt die „Logik der erwartbaren Konsequenzen" (March und Olsen 1998), weshalb Regime nur dort entstehen, wo der Nutzen die Kosten überwiegt. Zugleich verweist diese Forschung auf den *homo oeconomicus* als handelnden Akteur, der durch rationale Wahl jene Handlung aktualisiert, die ihm angesichts von Präferenzen und Beschränkungen als die bestmögliche erscheint. Werden diese Argumente auf Normen übertragen, ergibt sich, dass deren Anerkennung nicht an einen normativen Legitimitätsglauben, sondern an das Interesse des handelnden Akteurs gekoppelt ist. Dieser Verweis auf den Eigennutz stellt auch eine erste Erklärung zur Normübernahme dar: Die Entscheidung, eine Norm anzuerkennen und zu übernehmen, wird allein aufgrund individueller strategischer Überlegungen und nicht hinsichtlich kollektiver Erwartungen getroffen. Es handelt sich also eher um „zufällige" Normübernahme, weil Norm und Interesse deckungsgleich sind. Eine weitere Erklärung aus rationalistischer Perspektive benennt materielle Sanktionen im Sinne einer Bestrafung bei Normmissachtung als zusätzlichen Weg, durch den der *homo oeconomicus* ein Interesse entwickeln kann, sich an internationale Normen zu halten (Axelrod 1986). Allerdings basiert auch diese Verhaltensanpassung allein auf einer durch Sanktionen veränderten Kosten-Nutzen-Kalkulation. In beiden Fällen bleibt die Norm im individuellen Wirkungspfad dem handelnden Akteur äußerlich.

Auch der *kollektive Wirkungspfad* basiert auf der Annahme von stabilen Normen, die aber nicht schriftlich fixiert sein müssen, um ihre Wirkung für das Individuum zu entfalten. Ganz im Gegenteil: Entscheidend sind die normativen Vorstellungen wie praktischen Erwartungen des Kollektivs über die intersubjektive Angemessenheit von Normen und normales Verhalten von Individuen. Auch dieser konstruktivistisch geprägte Wirkungspfad geht folglich (zumindest implizit) von einer dem Akteur extern verbleibenden Norm aus. Weil er als Rollenspieler die kollektiven Erwartungen erfüllen möchte, bleibt eher unwichtig, ob er von der Norm und ihrer Geltung inhaltlich überzeugt ist – wenn sozialer Druck gegeben ist, werden Normen auch Wirkungen haben. Somit basiert die Erklärung auf der generellen Motivation des *homo sociologicus*, der „Logik der Angemessenheit" (March und Olsen 1998) zu folgen. Daher ergibt sich die Legitimität von Normen maßgeblich aus ihrer intersubjektiv geteilten Geltung, die sich dem Akteur als Form sozialen Drucks vermittelt. Welche Normen wie und wann gelten, erlernen die Akteure über Sozialisation, also über den Prozess individueller Anpassung an gesellschaftliche Vorstellungen, der unterschiedliche Mechanismen nutzt: Er setzt neben dem individuellen Wunsch nach Anerkennung auch auf Prozesse des Gruppenzwangs sowie auf das Streben nach Konformität mit den "peers" und ihren normativen Vorstellungen (Finnemore und Sikkink 1998, S. 902–903). Somit muss der *homo sociologicus* die Norm an sich nicht „glauben", um sie zu übernehmen. Trotz dieses Bezugs auf unterschiedliche Aspekte sozialen Drucks bei der Normübernahme handelt es sich bei dieser Erklärung nicht um eine „verdeckte" Rational-Choice-Perspektive. Der handelnde Akteur entspricht nicht dem strategischen Nutzenmaximierer, sondern kommt als sozialer Rollenspieler den kollektiven Erwartungen selbst dann nach, wenn sie zu materiellen Kosten führen. Den kollektiven Wirkungspfad kennzeichnet somit eine besondere Konstellation: Obwohl den Akteuren internationale Normen extern bleiben, übernehmen sie in ihr Handeln, weil sie sie kollektive Erwartungen nicht enttäuschen möchten.

Anders als die vorangegangenen Erklärungen, versteht der *deliberative Wirkungspfad* internationale Normen nicht als stabile oder als essenzialistische Phänomene, die von außen auf Akteure einwirken können. Stattdessen werden Normen als "shared understandings" konzipiert, deren Geltung und Bedeutung sozial hergestellt werden und somit nur zeitweilig fixierbar sind. Während in den beiden vorangegangenen Pfaden die Normen dem Akteur noch äußerlich blieben und auch ein individueller Akteur im Fokus der Erklärung stand, öffnet sich der deliberative Wirkungspfad prinzipiell einer internen Erklärung, die über die „Logik des Argumentierens" kollektive wie individuelle Überzeugungsprozesse gleichermaßen thematisiert. Dabei fokussiert diese Erklärung auf die Entstehungssituation von Normen: Konzeptionell schließt sie an Jürgen Habermas' Überlegungen zu kommunikativer Rationalität und deliberativer Demokratie an, indem sie auf die Deliberation als Situation von „herrschaftsfreiem Diskurs" verweist. Wie bereits ausgeführt, ist dieser Diskurs idealtypisch dann gegeben, wenn sich alle betroffenen Akteure in die Normgenese aktiv einbringen können und die Anschlussfähigkeit der Argumente zwischen den Diskursteilnehmer*innen im Fokus der Interaktion steht. Im Ergebnis führt Deliberation so zu einem Konsens, der eine besondere moralische Güte besitzt, weil er gleichermaßen individuell anerkannt wird und sich kollektiv universalisieren lässt (Flügel-Martinsen 2013, S. 334–336). Somit werden deliberativ entstandene Normen aber auch nicht mehr von außen an Akteure herangetragen, sondern diese Form der Normetablierung inkludiert über psychologische oder kognitive Faktoren die internen Vorgänge einzelner Akteure (Kowert und Legro 1996, S. 477–483). Folglich kann ein enger Bezug der Legitimität von Normen zur Überzeugung und über Zeit auch zur Identität des betreffenden Staates entstehen: Deliberativ erzeugte Normen münden in kollektiver Überzeugung wie individuellem „Glauben" in ihre Angemessenheit (Risse und Sikkink 1999, S. 14–16). Somit wird die Normübernahme aus dieser Perspektive über den Prozess der Internalisierung befördert: Durch diese Verinnerlichung von Normen bilden sich Überzeugungen aus, die auch einen eigenen Wirkungspfad von Normen darstellen.

Schließlich begreift der *agonale Wirkungspfad* Normen anti-essenzialistisch als prinzipiell deutungsoffen. Dies ergibt sich zunächst aus einer Annahme des Sozialen als Prozess, weshalb auch eine „Ontologisierung von Normen" (Wiener 2004, S. 149) abgelehnt wird, also die Vorstellung, dass Normen als soziale Phänomene stabil seien, eine fixierte Bedeutung hätten und somit Normanerkennung und -übernahme auf diversen politischen Ebenen problemlos möglich sei. Stattdessen bettet die *Logik der Umstrittenheit* das Handeln von Akteuren in Strukturen wechselseitig ein und erinnert an die doppelte Qualität von Normen: Sie wirken einerseits strukturierend auf Akteure, aber werden andererseits zugleich durch diese strukturiert und besitzen damit eine gleichermaßen ermöglichende sowie einschränkende Qualität (Wiener 2007a, S. 51, 2008, S. 38). Hier ergibt sich eine gewisse Ablehnung der deliberativen Konsensperspektive, weil agonale Perspektiven den Dissens oder gar den Konflikt als Konstante des Politischen begreifen (Flügel-Martinsen 2013; Michelsen 2018). Demnach erscheint aufgrund einer prinzipiellen Umstrittenheit von Normen ("contestedness") eine diskursive Etablierung geteilter Angemessenheitsstandards im Sinne eines Konsenses kaum denkbar. Stattdessen verbleiben Normen in einem Prozess der gleichzeitigen Aufrechterhaltung und Anfechtung von Bedeutung ("contestation"), die für die Übernahme von Normen entscheidend ist. Kontestation entsteht dabei nicht nur zu Beginn einer Normsetzung oder bei normativer Uneinigkeit, wenn sich etwa Normen widersprechen (Wiener 2007a, S. 53). Aus agonaler Perspektive müssen sich Normen kontinuierlich hinterfragen lassen, was aber nicht zwingend eine Schwächung darstellt, sondern auch ihre Legitimität und damit ihre Anerkennung erhöhen kann: Die Übernahme von Normen ist somit daran gekoppelt, ob kollektive Prozesse für sämtliche Akteure in Normdynamiken ermöglicht werden, in denen diese Bedeutung im Sinne eines normativen "meaning-in-use" verhandelt werden kann (Wiener 2018). Der so formulierte agonale Wirkungspfad der Normenforschung unterstreicht somit, dass Normen und ihre Wirkungen maßgeblich internationalem Dissens unterliegen (Havercroft und Duvall 2017).

2.2.3 Wie werden Normen erforscht?

Jenseits von konzeptionellen Wirkungspfaden, die analytisch nutzbar gemacht werden können, müssen in einer Einführung zur Normenforschung auch die Möglichkeiten thematisiert werden, mit denen ein systematischer Zugang zum Analysegegenstand empirisch überhaupt möglich ist. Dazu gehören generelle methodologische Überlegungen, aber auch konkrete Fragen zu nutzbarem Material und erfolgversprechenden Methoden. Schon früh wurden die empirische Identifizierung von Normen sowie deren Messbarkeit als Probleme für die Forschung ausgemacht: Einerseits könnten Normen zwar über ihre Einhaltung beobachtet werden, allerdings gilt der Hinweis von Legro (1997, S. 57) nach wie vor, dass sie – wenn sie keine Ad-hoc-Erklärungen sind, sondern tatsächlich Kausalität beanspruchen sollen – unabhängig von ihren beobachtbaren Effekten konzeptualisiert werden müssen. Mit anderen Worten: Beobachtbares Verhalten von Akteuren kann, muss aber nicht durch Normen motiviert sein. Hinzu kommt die bereits angesprochene kontrafaktische Geltung von Normen, wodurch sie auch jenseits einer konkreten Normeinhaltung normative Geltung beanspruchen können (Raymond 1997, S. 222).

Diese Überlegungen unterstreichen eine methodologische Herausforderung für empirische Analysen von Normdynamiken: Normen sind nur indirekt beobachtbar. In einigen Fällen wird Handeln zwar explizit mit Normen gerechtfertigt (etwa mit dem Verweis auf den Menschenrechtsschutz bei internationalen Interventionen), in anderen Fällen sind sie hingegen nicht im Fokus tagesaktueller Debatten, sondern tief eingeschrieben in die Praktiken des politischen Alltags (wie über lange Zeit beim nuklearen Tabu). Dann stellen Normen eher die unreflektierte Grundlage politischen Handelns oder sozialen Verhaltens dar und werden erst über ihre Verletzung sichtbar – etwa, wenn sich beobachtbarer Widerspruch regt, der die Normverletzung kritisiert und ihre Einhaltung einfordert. Weil Normen also in beiden Situationen rhetorische Rechtfertigungen erzeugen, entstehen durch Normdynamiken kommunikative Artefakte in Form von Reden, Programmen oder Debatten. Diese schriftlichen Verweise, die die Norm in ihrer Entstehung, Verbreitung wie Anwendung begleiten, können analysiert werden. Illustriert werden kann das analytische Potenzial von kommunikativen Artefakten als Beleg für die Existenz einer Norm an der Nutzung von Landminen durch die USA: Indem die US-Administration öffentlich wie explizit den Einsatz von Anti-Personen-Minen im Koreakrieg der 1950er-Jahre verteidigte, reagierte sie auf einen Rechtfertigungsdruck, der auf das Vorhandensein von Angemessenheitsstandards verweist und mehr noch die Verletzung einer (sich damals noch entwickelnden) internationalen Norm implizit anerkennt. So lassen sich kommunikative Artefakte sogar in Fällen nutzen, in denen keine expliziten völkerrechtlichen Verträge vorliegen oder Normen zwar prinzipiell anerkannt sind, jedoch de facto nicht eingehalten werden (Finnemore und Sikkink 1998, S. 892). Damit lassen sich für eine Analyse der ersten beiden Wirkungspfade, die von stabilen Normbedeutungen ausgehen, verschiedene Textformen nutzen, um die Effekte von Normen zu untersuchen. Schwieriger wird dies bei den beiden anderen Wirkungspfaden. Denn sie möchten normative Interaktion auswerten und benötigen deshalb Material, das individuelle wie kollektive Interpretationen von Normen dokumentiert und so überhaupt eine systematische Analyse ermöglicht.

Insgesamt hat die Normenforschung originäre Kompetenzen bei der Analyse von Normativität in der internationalen Politik weiterentwickelt: Obgleich zumeist qualitative Fallstudien entstanden, die normative Kommunikation oder Praxis untersuchen, um normative Effekte zu verstehen, lassen sich auch Studien finden, die explizit explanativ vorgehen. Sie testen Hypothesen zur Erklärung von Normeffekten und Normdynamiken also systematisch und vergleichend, um Verallgemeinerungen vornehmen zu können und damit Wissensbestände zu konsolidieren. Insgesamt nutzt die Normenforschung mittlerweile äußerst unterschiedliche Forschungsstrategien: von qualitativ-interpretativen Zugängen, über positivistisch-quantitativ orientierten Designs (Girard 2021; Winston 2020) bis hin zu poststrukturalistischen, sprachwissenschaftlich angelegten Studien (Renner 2013) oder praxistheoretisch fundierter Forschung (Bode und Huelss 2018).

2.3 Fazit

Wie gesehen spiegelt die Ausdifferenzierung der Normenforschung die großen Debatten der IB wider und befindet sich in einem Austauschverhältnis mit der Gesamtdisziplin. Deutlich wird dies etwa an der Frage nach der Rolle von immateriellen und materiellen Faktoren in der internationalen Politik oder nach der sozialtheoretischen Begründung von politischem Handeln, wo sowohl in den IB als Ganzes wie auch innerhalb der Normenforschung diskutiert wurde, ob ein Fokus auf Akteure oder Strukturen politische Phänomene besser erklären könne oder ob von einer wechselseitigen Konstitution und dementsprechend grundsätzlich von Prozessen ausgegangen werden müsse. Damit korrespondieren auch wissenschafts- oder erkenntnistheoretische sowie methodische Überlegungen, die wiederum nicht nur in der breiteren IB, sondern auch in der Normenforschung diskutiert wurden und werden.

Allerdings gelingt es der Normenforschung seit den 1990er-Jahren, sich als eigenständiger Forschungszusammenhang innerhalb der IB zu etablieren, wobei sie bereits seit dieser frühen Phase auf einem Pluralismus basiert, der sie bis heute auszeichnet: Verdeutlicht wird dies anhand der unterschiedlichen Definitionen, die normative, normale, soziale wie individuelle Aspekte von Normen in konkrete Relationen setzen und diese auf Akteure, Strukturen und Prozesse von Normendynamiken beziehen. Auch die vier Wirkungspfade unterstreichen die pluralistische Basis der Normenforschung, weil auch sie recht unterschiedliche Erklärungen für die Wirkungen von Normen auf individueller wie kollektiver Ebene systematisieren und dabei auch unterschiedliche Etappen von Normdynamiken fokussieren. Schließlich zeigt sich auch mit Blick auf die untersuchten Politikfelder in der Normenforschung ein Pluralismus, der aus dem variierenden Interesse und der Expertise von Normenforscher*innen resultiert. Insgesamt differenziert sich die Normenforschung so nicht nur konzeptionell, sondern auch in metatheoretischer Hinsicht aus. Wie das letzte Kapitel gezeigt hat, liegen somit unterschiedliche Angebote zur Analyse von Normdynamiken in der internationalen Politik vor, die sich erheblich unterscheiden, aber dennoch über ihre Forschung miteinander im Gespräch bleiben.

3

Von Modellen und alternativen Prozessen: Phasen und Etappen in Normdynamiken

> **Was können Sie mitnehmen?**
> - *Vorstellung von klassischen Modellen der Normenforschung (Norm Life Cycle und Spiralmodell)*
> - *Einführung in die Weiterentwicklung der Normenforschung über die Begutachtung empirischer Diffusionsprozesse, die weniger linear verlaufen und stattdessen dynamischer, komplexer und kontingenter erscheinen*
> - *Detaillierte Vorstellung alternativer Konzepte zu Phasen wie Prozessen der Normentstehung, Normlokalisierung, Normübersetzung, Normpolarisierung, Normsubsidiarität, Normsackgasse, Normerosion oder -verfall, Normersetzung und Normsterben*
> - *Diskussion und Zusammenfassung der Ergebnisse*

Obgleich sich die Idee eines Frauenwahlrechts bereits Ende des 19. Jahrhunderts durch nationale Komitees und Organisationen verbreitete, blieb Frauen in vielen Staaten das Recht zu wählen oder sich wählen zu lassen lange Zeit verwehrt. Wie die Normenforschung herausarbeitet (Finnemore und Sikkink 1998, S. 895–896), waren es vor allem individuelle

Frauenrechtlerinnen wie die britischen Suffragetten, die die Angemessenheit der bestehenden Norm infrage stellen und eine neue Norm propagieren: Aus Gerechtigkeitsgründen kritisieren sie, dass nur Männer wählen dürfen, und formulieren einen neuen Angemessenheitsstandard. Mit der *International Women's Suffrage Association* gelingt eine Vernetzung dieser Pionierinnen, durch deren Kampagnenarbeit internationaler politischer Druck aufgebaut wird. In der Folge entsteht unter den Staaten zunehmend eine normative Konkurrenz zwischen Vorreitern und Nachahmern, bei der die Sorge um die internationale Reputation erheblich zum normativen Wandel beiträgt. Hatten sich bislang nur dort Frauenwahlrechte etablieren können, wo starke innenpolitische Bewegungen normativ-politischen Druck ausübten, gelang es im Zuge der transnationalen Vernetzung auch in solchen Staaten, das Wahlrecht von Frauen zu verankern, in denen der innenpolitische Druck vergleichsweise gering war (Finnemore und Sikkink 1998, S. 900–901). Dieses Beispiel aus dem Bereich der Menschenrechtspolitik illustriert viele Aspekte von internationalen Normdynamiken: Erstens zeigt sich, wie verschiedene Ebenen ineinandergreifen, indem Frauenrechtlerinnen sich national wie international vernetzten und auf beiden Ebenen aktiv werden. Zweitens sind mit den Suffragetten und dem britischen Staat, aber auch mit weiteren Regierungen unterschiedliche Akteure benannt, deren Handlungen insofern aufeinander bezogen sind, als die Frauenrechtlerinnen versuchen, staatliche Akteure von der Notwendigkeit normativen Wandels zu überzeugen. Drittens unterstreicht das Beispiel aber auch, dass die Etablierung von Normen verschiedene Prozesse beinhaltet wie Vernetzung, Aufbau von Druck und Überzeugung durch Argumente. Genau diese Aspekte – Ebenen, Akteure und Prozesse – sucht die frühe Normenforschung zu systematisieren, indem sie Phasenmodelle zur Analyse von Diffusionsprozessen vorschlägt.

3 Von Modellen und alternativen Prozessen: ...

In Abschn. 3.1 werden die beiden bekanntesten – das Kaskaden- und das Spiralmodell – vorgestellt: Während das Kaskadenmodell als sog. *Norm Life Cycle* mit Normentstehung, Normkaskade und Norminternalisierung drei Phasen benennt, betont das Modell der Normspirale unterschiedliche Dynamiken innerhalb des Diffusionsprozesses und fügt deshalb weitere Phasen hinzu. Obwohl beide Systematisierungen internationale Normdiffusion nicht als quasi-automatisch erachten, verankert die frühe Normenforschung durch ihre Phasenlogik dennoch implizite Vorstellungen von Stabilität und Linearität, die dem Wunsch geschuldet sind, die Relevanz von Normen empirisch fassen zu können. Wie kritische Stimmen argumentieren, suggerieren die genutzten Wasser- und Flussmetaphern eine gewisse Zwangsläufigkeit oder Zielgerichtetheit (Bucher 2014, S. 757). Zudem wurde in oft dichotomer Weise davon ausgegangen, dass Normen nur entweder anerkannt oder abgelehnt werden könnten (Zwingel 2016, S. 5; Zimmermann 2017a, S. 26).

Beides wird von alternativen Ansätzen zurückgewiesen, die empirisch belegen, dass sich Normen in Normdynamiken verändern und dabei andere Phasen und Prozesse durchlaufen, als es Heuristiken wie das Kaskaden- oder Spiralmodell annehmen. Konkret zeigt Abschn. 3.2, dass normative Vorschläge nicht zu Normen werden müssen und sich anders entwickeln können als von Akteuren beabsichtigt, während Abschn. 3.3 hinsichtlich Normumsetzung und -einhaltung illustriert, dass einmal etablierte Normen in ihrer Anerkennung nicht stabil bleiben müssen, sondern ihre Geltung verlieren können, wodurch ihre Steuerungseffekte schwinden oder ganz ausfallen.

Insgesamt entwickelt die im Folgenden referierte Literatur anhand einer Vielzahl von empirischen Fällen alternative Vorstellungen zu stabilen Normen, eindeutigen Phasen und linearer Diffusion: Jenseits eindeutiger Übernahme und klarer Ablehnung erscheinen hier Normdynamiken durch Akteursverhalten geprägt und damit im Ergebnis unbestimmter und konfliktiver als von den frühen Phasenmodellen angenommen. Somit rücken neue Aspekte von Normdynamiken in den Fokus der analytischen Aufmerksamkeit, die Konsequenzen für die Norm an sich, aber auch für den Diffusionsprozess als Ganzes haben. Zum besseren Verständnis fasst Tab. 3.4 im Zwischenfazit dieses Kapitels die folgenden Modelle und Konzeptionen systematisch zusammen.

3.1 Phasenmodelle zur Normdiffusion

Bereits 1990 bearbeitet ein frühes, oft übersehenes normtheoretisches Modell zu Verbotsnormen im Bereich internationaler Kriminalitätsbekämpfung die Frage, warum sich bestimmte Normen zu globalen Verbotsregimen entwickeln (Nadelmann 1990, S. 479–480). Allerdings erlangt das Feld erst zum Ende der 1990er-Jahre größere konzeptionelle Systematik, als mit dem Kaskadenmodell des *Norm Life Cycles* und dem Spiralmodell in der Menschenrechtspolitik zwei Heuristiken vorgestellt werden, die Normdynamiken als Phasen umfassend konzeptualisieren. Bei „International Norm Dynamics and Political Change" (Finnemore und Sikkink 1998) handelt es sich um *den* zentralen Klassiker der frühen Normenforschung, der nicht nur als Literaturbericht den Forschungsstand zu Normen bis Mitte der 1990er-Jahre systematisiert, sondern ein konkretes Normverständnis vorstellt sowie konzeptionelle Annahmen zu Normdynamiken entwickelt. In drei Phasen zeigt das Kaskadenmodell, wie unterschiedliche Akteure mit verschiedenen Strategien und Motivationen zu internationalen Normdynamiken beitragen. Ein ähnliches Modell legen die Autor*innen des Bandes „The Power of Human Rights" (Risse et al. 1999) vor. Das dort entwickelte

Spiralmodell der Menschenrechte zielt auf eine Erklärung der Varianz in der nationalen Implementation und Einhaltung der Allgemeinen Erklärung der Menschenrechte. Dazu werden Normdynamiken in Fallstudien empirisch dokumentiert und theoretisch reflektiert, um schließlich systematische Erklärungen zu generieren (Risse und Sikkink 1999, S. 1–3). Beide Modelle kombinieren dabei die bereits bekannten individuellen, kollektiven und deliberativen Wirkungspfade von Normen über Interesse, Sozialisation, Überzeugung und Internalisierung.

3.1.1 Das Kaskadenmodell der Normentstehung, Normverbreitung und Norminternalisierung

Der *Norm Life Cycle* von Martha Finnemore und Kathryn Sikkink (1998) gilt nach wie vor als eine zentrale Referenz für Definitionen und Ablaufmodelle in der Normenforschung und hat viele Studien inspiriert. Zur Erklärung normativen Wandels verknüpft ihr Modell die Ursprünge von Normen mit den Prozessen, durch die Normen ihren Einfluss auf das Verhalten von Akteuren entfalten, und diskutiert darüber hinaus die Frage, unter welchen Bedingungen welche Normen bedeutsam werden.

Als Norm definieren Finnemore und Sikkink (1998, S. 891) einen Standard angemessenen Verhaltens für Akteure mit einer gegebenen Identität. Dabei haben Normen regulative Effekte, weil sie Ordnung schaffen und das Verhalten von Akteuren beschränken. Zugleich wirken sie aber auch konstitutiv, indem sie die Ausbildung neuer Identitäten, Interessen oder Praktiken ermöglichen. Über ihren Verpflichtungscharakter entstehen normative Erwartungen, die auf einer intersubjektiven wie auch bewertenden, evaluierenden Qualitäten basieren. Nur über die kollektive Bewertung ergibt sich, was als angemessen gilt, indem Lob bei

Befolgung oder Missbilligung bei Nichtbefolgung kommuniziert wird (Finnemore und Sikkink 1998, S. 891–892). Dabei bezieht sich eine solche Evaluierung nicht auf die moralische Güte von Normen an sich, also ob sie als „gut" oder „schlecht" gelten müssen, sondern auf ihre intersubjektive Angemessenheit. Denn: Auch Normen, die heute als „schlecht" bewertet werden wie etwa Sklaverei oder Apartheid, galten zu anderen Zeiten als angemessen (Finnemore und Sikkink 1998, S. 892). Um normativen Wandel zu belegen, illustrieren Finnemore und Sikkink (1998, S. 895–896) anhand der Entstehung der Rotkreuz-Bewegung, des Frauenwahlrechts sowie der Nutzung von Anti-Personen-Minen, wie Normen entstehen, international diffundieren und sich schließlich als normales, normativ angemessenes Verhalten auch innergesellschaftlich durchsetzen.

Dabei gehen sie von drei aufeinander folgenden Phasen der Normentwicklung aus, nämlich von Normentstehung, Normkaskade und Norminternalisierung. In diesen Phasen agieren verschiedene Akteure in unterschiedlichen Rollen und Konstellationen und setzen darüber die globale und die nationale Ebene in Beziehung zueinander (Finnemore und Sikkink 1998, S. 895–905). Für die erste Phase sind zwei Aspekte zentral: Normunternehmer*innen sowie ihre organisatorischen Plattformen. Da Normen „nicht vom Himmel fallen" (Finnemore und Sikkink 1998, S. 896, Übersetzung BL), ist aktives Handeln von Individuen oder kollektiven Akteuren bei ihrer Initiierung notwendig. Deshalb sind sogenannte Normunternehmer*innen ("norm entrepreneurs") für die Etablierung von neuen Angemessenheitsstandards zentral (Finnemore und Sikkink 1998, S. 896–897). Indem sie den normativen Ist-Zustand als Problem kritisieren und zugleich strategisch interpretieren oder bewusst dramatisieren, lenken sie politische Aufmerksamkeit auf aus ihrer Sicht unangemessene Phänomene. Dies wird in der Literatur als *Framing* bezeichnet. *Frames* stellen sprachliche Rahmungen dar, die durch ein neues Interpretationsangebot auch die Gegenstände verändern, über die gesprochen wird (Finnemore und Sikkink 1998, S. 897). Für das oben genannte Beispiel: Erst weil das Frauenwahlrecht als ein Gerechtigkeitsproblem gerahmt wurde, wird aus der als normal geltenden Praxis des alleinigen Wahlrechts für Männer eine zu hinterfragende normative Praxis. Doch Normunternehmer*innen kritisieren nicht nur eine bestehende Norm, sondern werben aktiv für Veränderung. Dabei setzen sie sich, durch Altruismus oder Empathie motiviert, für die Belange benachteiligter Gruppen und somit für das Gemeinwohl ein. Zugleich sind sie ihren Überzeugungen verpflichtet und wollen diese auch anderen Akteuren vermitteln. Ihr „Unternehmertum" zeigt sich also vor allem durch Versuche, die eigene oder fremde Regierungen vom neuen Angemessenheitsstandard zu überzeugen. Normunternehmer*innen folgen also zwar einer inneren Logik der Angemessenheit, ihre Kommunikation nach außen entspricht aber der Logik der Konsequenzen, weil sie ihre Frames strategisch im Sinne gelingender Überzeugungsprozesse auswählen. Dazu organisieren sie sich nicht nur national, sondern auch in transnationalen Netzwerken oder nutzen internationale organisatorische Plattformen, in denen sie ihre Agenda entwickeln sowie ihre Kampagnen schärfen können. Dies können sowohl eigene Plattformen sein als auch die Foren, die IOs bereitstellen. Jenseits der Vernetzungsfunktion ermöglichen solche Plattformen auch den Zugang zu relevanten Normadressat*innen (Finnemore und Sikkink 1998, S. 899–900). In Summe ist die erste Phase also durch argumentatives Werben von Normunternehmer*innen geprägt, um relevante Adressat*innen – vor allem politische Entscheider*innen – von der Unangemessenheit der bisherigen Praxis sowie der Vorzüglichkeit des neuen normativen Vorschlags zu überzeugen, was bei Erfolg einen Prozess der Normverbreitung als zweite Phase initiiert, der auch als Diffusion bezeichnet wird.

Wird innerhalb dieses Diffusionsprozesses ein bestimmter Kipppunkt erreicht, der sogenannte "tipping point", ergießt sich die neue Norm in einer Kaskade, also wie in einer künstlich angelegten Wasseranlage das Wasser von Stufe zu Stufe fällt. Damit ein solcher Dominoeffekt in Gang kommt, muss sich eine kritische Masse an Staaten der neuen Norm anschließen. Bei den normativen Dynamiken hinsichtlich des Frauenwahlrechts schien dieser Kipppunkt erreicht, als etwa ein Drittel aller Staaten die neue Norm unterstützte (Finnemore und Sikkink 1998, S. 901). Somit stehen vor allem Staaten als Adressat*innen im Mittelpunkt dieser zweiten Phase. Solche Normadressat*innen sind nicht per se an normativem Wandel interessiert und demnach nur begrenzt für Überzeugungsprozesse offen, wobei dies nach Thematik und hinsichtlich der jeweiligen Identität von Akteuren variiert. Daher wählen Normunternehmer*innen strategisch besonders einflussreiche Staaten, aber auch für normative Fragen empfängliche Staaten bevorzugt als Adressat*innen aus (Finnemore und Sikkink 1998, S. 901). Zugleich gehen sogenannte "norm leaders", also Staaten, die schon früh die neue Norm unterstützt haben, mit gutem Beispiel voran und tragen dadurch zu einem Sozialisationsprozess bei (Finnemore und Sikkink 1998, S. 895). Innerhalb dieses Prozesses werden also nicht mehr nur die Frames der Normunternehmer*innen genutzt, sondern auch sozialer Druck ausgeübt, der einerseits die handlungsanleitende Identität von Staaten, andererseits ihren Wunsch nach Konformität adressiert. Durch Lob von Normunternehmer*innen oder bereits überzeugten Staaten bei normkonformem Verhalten bzw. durch Spott bei Abweichung von der neuen Norm wird auf die Nachahmung durch zunächst normresistente Akteure abgezielt (Finnemore und

Sikkink 1998, S. 902–903). Somit werden psychologische Mechanismen strategisch genutzt, um die Normkaskade zu verstärken und immer mehr Staaten zu motivieren, die neue Norm zu übernehmen.

In der dritten Phase des Modells verschiebt sich der politische wie analytische Fokus von der internationalen auf die nationale Ebene: Ist die Normkaskade erfolgreich, institutionalisieren sich Normen nicht nur international, sondern übersetzen sich auch in den innenpolitischen Kontext und werden dort internalisiert, also sozial wie auch rechtlich verankert. Mit dem Wechsel der relevanten Ebene rücken erneut andere Akteure in den Mittelpunkt des analytischen Interesses: Verwaltung und unterschiedliche Professionen sorgen bei der nationalen Implementierung für eine innenpolitische Praxis, durch die die Normeinhaltung über Zeit nicht nur Teil ihrer (professionellen) Identität wird, sondern auch gesellschaftlich eine selbstverständliche Qualität bekommt. Normen stellen also ab diesem Moment eine Gewohnheit dar. Sie verschwinden aufgrund ihrer Allgegenwärtigkeit aus der gesellschaftlichen Debatte und werden erst durch Reaktionen auf etwaige Normverletzungen wieder sichtbar (Finnemore und Sikkink 1998, S. 904–905). Mit der Norminternalisierung, also der Verinnerlichung der neuen Norm durch die Übernahme in die nationale Praxis, ist der Prozess der Normsetzung abgeschlossen, die Norm wurde etabliert. Insgesamt werden im *Norm Life Cycle* somit nicht nur Phasen der Normdiffusion systematisiert, sondern auch die Rollen und Strategien verschiedener Akteure und ihre Funktionen für Normdynamiken thematisiert, wie Tab. 3.1 zusammenfasst.

Jenseits des Modells formulieren die Autor*innen auch Hypothesen dazu, unter welchen Bedingungen internationale Normen einflussreich werden (Finnemore und Sikkink 1998, S. 906–908): So gibt es in Phasen nationaler Unsicherheiten – wenn etwa nationale Eliten hinterfragt werden oder die internationale Position eines Staates sich verändert – eine

Tab. 3.1 Akteurshandeln in den Phasen des *Norm Life Cycle*. (Finnemore und Sikkink, 1998, S. 898, Übersetzung BL)

	Phase 1 Normentstehung	Phase 2 Normkaskade	Phase 3 Internalisierung
Akteure	Normunternehmer mit einer organisatorischen Plattform	Staaten, internationale Organisationen, Netzwerke	Recht, Professionen, Bürokratie
Motive	Altruismus, Empathie, ideelle Verpflichtung	Legitimität, Reputation, Ansehen	Gleichförmigkeit, Konformität
Vorherrschende Mechanismen	Überzeugung	Sozialisation, Institutionalisierung, Demonstration	Gewohnheit, Institutionalisierung

größere Neigung von Staaten bzw. Regierungen, sich auf internationale Normen einzulassen und sich über diese zu legitimieren. Aber auch die Prominenz von Normen und/oder Normaktivist*innen können bei der Beeinflussung von Staaten entscheidend sein: Je wichtiger die Normen und/oder die sie propagierenden Akteure sind, umso eher sind Staaten zur Normübernahme bereit. Gleichermaßen ist die Spezifizität, also die Eindeutigkeit, mit der Normen ihren Gegenstand und Geltungsbereich benennen, entscheidend für die Normanerkennung und -umsetzung: Je klarer und spezifischer, also je weniger mehrdeutig und komplex eine Norm formuliert ist, desto eher wird sie Effekte zeigen.[1] Eine weitere Hypothese beleuchtet die Relevanz der moralischen Güte von Normen: Besonders erfolgreich sind solche Normen, die die körperliche Unversehrtheit von vulnerablen Gruppen oder rechtliche Chancengleichheit einfordern. Auch die inhaltliche Nähe normativer Forderungen zu bereits etablierten Normen zeitigt Effekte: Je stärker neue Normen an be-

---
[1] Wie spätere Forschung zur Lokalisierung, Kontestation oder Ambiguität von Normen zeigt, ist dieser Befund nicht zwingend (Wiener 2014; Zimmermann 2017a; Linsenmaier et al. 2021).

reits bestehende normative Ordnungen anschließen können, desto besser werden die Chancen für ihre Durchsetzung bewertet, weshalb Normaktivist*innen neue Normen argumentativ so rahmen sollten, dass sie an existierende Debatten anschließen. Zuletzt vollzieht sich normativer Wandel auch in makrostrukturellen Rahmenbedingungen, z. B. besteht in Phasen, in denen das internationale System durch Kriege geprägt ist, größerer Bedarf nach neuen Normen als in Friedenszeiten. Zugleich eröffnen aber auch spezifische Situationen wie die Gleichzeitigkeit der Globalisierung von Kommunikationsmitteln mit dem Ende des Ost-West-Konflikts neue Optionen für Normunternehmertum (Finnemore und Sikkink 1998, S. 909).

3.1.2 Das Spiralmodell der Menschenrechte

Das Spiralmodell aus „The Power of Human Rights" (Risse et al. 1999) benennt als Heuristik für die Analyse von Menschenrechtsnormen mehr Phasen als das Kaskadenmodell und berücksichtigt dadurch weitere Dynamiken, etwa Rückschläge in der Normdiffusion. Zugleich geht auch das Spiralmodell von Sozialisation als zentralem Mechanismus aus, durch den Normen sich verbreiten, nimmt aber den deliberativen Wirkungspfad gleichermaßen ernst. 50 Jahre nach der Verabschiedung der Allgemeinen Erklärung der Menschenrechte durch die UN-Generalversammlung (1948) vergleichen Forscher*innen den Status von Menschenrechtsnormen anhand der Durchsetzung von zwei zentralen Normen in elf Staaten, nämlich dem Recht auf Leben – verstanden als Abwehrrecht vor Exekution und Verschwindenlassen – sowie der Freiheit von Folter und willkürlichem Arrest.[2] Während

---

[2] Allerdings analysieren einzelne Fallstudien auch die Versammlungsfreiheit (Osteuropa) oder die Rassentrennung (Südafrika).

dabei Chile, Philippinen, Polen, Südafrika und die ehemalige Tschechoslowakei als potenziell erfolgreiche Fälle der Etablierung dieser Menschenrechte gelten, sind Guatemala, Indonesien, Kenia, Marokko, Tunesien und Uganda als Fallbeispiele eher uneindeutig. Über diese Varianz in der Fallauswahl wird schließlich analysiert, welche Gemeinsamkeiten und Unterschiede bezüglich der Effekte internationaler Menschenrechtsnormen zu beobachten und wie diese zu erklären sind (Risse und Sikkink 1999, S. 2).

Generell steht auch das Spiralmodell in der konstruktivistischen Tradition, die materiellen wie immateriellen Phänomenen kausale Effekte beimisst. Die Autor*innen schließen sich der Definition von Jepperson et al. (1996, S. 54) an, nach der Normen eine kollektive Erwartung über angemessenes Verhalten bei einer gegebenen Identität darstellen (Risse und Sikkink 1999, S. 6–7). Gerade der identitäre Aspekt ist dabei wichtig: Mit Verweis auf weitere Studien wird argumentiert, dass ein zentrales Motiv zur Normeinhaltung das Selbst- wie Fremdbild der Akteure ist. Vor sich selbst und vor anderen möchten sie in gutem Licht stehen, es ist also ihr Interesse, durch entsprechendes Verhalten ihre Identität als Mitglieder einer liberalen Staatengemeinschaft zu kommunizieren (Risse und Sikkink 1999, S. 8). In diesem Wechselverhältnis von Identität und außenpolitischem Interesse zeigen sich auch die konstitutiven Effekte von Normen: Wonach Akteure streben, hängt maßgeblich davon ab, wie sie sich selbst sehen oder gesehen werden möchten. Kausale Wirkung entwickeln also Normen dort, wo sie die Definition, aber auch die Re-Definition von Identitäten und Interessen beeinflussen (Risse und Sikkink 1999, S. 9). Dadurch stehen Normen nicht einfach Macht oder Interessen gegenüber, sondern sind mit ihnen verwoben und produzieren so eine Macht des Normativen, die auch der Studie ihren Titel gibt.

Grundlegend argumentieren die Autor*innen (Risse und Sikkink 1999, S. 5), dass die Diffusion internationaler Menschenrechtsnormen davon abhängt, ob es belastbare

Beziehungen zwischen lokalen und transnationalen Akteuren gibt, über die es gelingt, Menschenrechtsverletzungen international zu skandalisieren. Indem transnationale Netzwerke normverletzende Staaten anprangern sowie liberale Staaten an ihre Identität als Unterstützer von Menschenrechten erinnern, schärfen sie das moralische Bewusstsein und fokussieren zugleich die Problemlagen oppositioneller Gruppen in normverletzenden Staaten. Durch diese Sichtbarmachung wird nicht nur deren politische Reichweite erhöht, sondern auch ihr Schutz durch Unterstützung und Öffentlichkeit ermöglicht. Aus der Mobilisierung ergibt sich somit auf normverletzende Staaten gleich doppelter politischer Druck, weil sie sowohl von innen als auch von außen mit dem Anprangern ihrer Menschenrechtsverletzungen konfrontiert sind (Risse und Sikkink 1999, S. 5). Dieses Wechselspiel der Ebenen und ihre Kopplung durch das Handeln von Aktivist*innen haben Keck und Sikkink (1998) auch „Bumerang-Effekt" genannt. Es bildet als kollektiver Wirkungspfad die Grundlage für den Sozialisationsansatz des Spiralmodells.

Auch das Spiralmodell geht von mehreren Phasen normativen Wandels aus. Allerdings sind es hier fünf Phasen, die im Idealfall nacheinander, aber eben nicht linear ablaufen müssen. Im Gegenteil: Die Fallstudien zeigen, dass der Spiralprozess auch abbrechen kann. Ähnlich dem Kaskadenmodell variieren die Akteure und ihr Handlungsmodus in den verschiedenen Phasen des Sozialisationsprozesses. Neben der Logik der Konsequenzen wie die der Angemessenheit nutzt das Spiralmodell – anders als im Kaskadenmodell – zur Erklärung von Normdynamiken aber auch explizit die Logik des Argumentierens im Sinne eines deliberativen Wirkungspfads. Diese Logik nimmt ausgehend von Habermas' handlungstheoretischen Überlegungen dynamische Aushandlungsprozesse in den Fokus, die insbesondere spätere Phasen des Modells betreffen (siehe auch Abschn. 2.2.1 und 2.2.2) Wie Tab. 3.2 auch verdeutlicht,

Tab. 3.2 Akteure und Handlungsmodi im Spiralmodell. (Gränzer et al. 1998, S. 17, siehe auch Risse und Sikkink 1999, S. 32)

	1. Repression	2. Leugnen	3. Taktische Konzessionen	4. Präskriptiver Status	5. Normgeleitetes Verhalten
Dominante Akteure	Transnationale Menschenrechtsnetzwerke	Transnationale Menschenrechtsnetzwerke	Transnationale Menschenrechtsnetzwerke und innenpolitische Opposition	Nationale Regierung und gesellschaftliche Gruppen	Nationale Regierung und gesellschaftliche Gruppen
Dominanter Handlungsmodus	Instrumentelle Rationalität	Instrumentelle Rationalität	Instrumentelle Rationalität → Rhetorisches Verhalten → Argumentation, Dialog	Argumentation und Institutionalisierung	Institutionalisierung und Habitualisierung

werden unterschiedliche Akteure und ihre Interaktionen auf verschiedenen Ebenen durch das Spiralmodell thematisiert.

In der ersten Phase geht es um die Aktivierung von Netzwerken. Die Ausgangssituation des Modells ist eine repressive Lage in einem Staat, der Menschenrechte regelmäßig verletzt und die Opposition unterdrückt. Das Spiralmodell stellt dazu folgende Hypothese auf: Wenn es Akteuren gelingt, Informationen an Aktivist*innen-Netzwerke im Ausland zu übermitteln, kann der entsprechende Staat das Ziel von Netzwerkkampagnen werden, die dadurch versuchen, Zugang zu den unterdrückten Gruppen zu bekommen (Risse und Sikkink 1999, S. 22). Dabei folgen alle Akteure einer instrumentellen Rationalität im Sinne der Logik erwartbarer Konsequenzen.

Vielfach schließt nun eine Phase der Leugnung an. Wenn Aktivist*innen-Netzwerke aktiv Shamings betreiben, also durch Benennen von Taten die Täter*innen im internationalen Kontext öffentlich bloßstellen, leugnen die so beschämten Staaten zunächst die Menschenrechtsverletzungen oder interpretieren die Taten als mit internationalen Normen vereinbar. Zugleich drangsalieren sie die Opposition weiter und versuchen, den öffentlichen Aufschrei zu ignorieren oder über Allianzen eine konzertierte Reaktion zu orchestrieren. Somit besagt eine zweite Hypothese, dass es entscheidend ist, ob es nationaler Opposition und transnationalen Aktivist*innen gelingt, den Druck auf beiden Ebenen zu halten und ob nationale Regierungen diesem internationalen Druck standhalten können (Risse und Sikkink 1999, S. 23–24).

Der Übergang von der zweiten in die dritte Phase der sogenannten taktischen Konzessionen gilt als voraussetzungsreich. Wirkt der doppelte Druck, beginnt der betroffene Staat, strategische Zugeständnisse zu machen, etwa indem symbolische Politik betrieben wird – zum Beispiel die Freilassung von Gefangenen – oder in Grundsatzreden erste menschenrechtliche Bezüge auftauchen. Zugleich werden Menschenrechtsprobleme öffentlich nicht mehr geleugnet. Insgesamt kommt es zu einer allmählichen Annäherung von Staat, Opposition und transnationalen Netzwerken. Die strategisch-instrumentelle Rationalität weicht einer kommunikativen Auseinandersetzung über die Menschenrechtspraxis, die in einer sogenannten argumentativen Selbstverstrickungen enden kann – aber nicht muss. Eine solche Verstrickung kommt dann zustande, wenn die betreffende Regierung nicht mehr hinter ihre menschenrechtlichen Aussagen zurück kann, weil sie sich öffentlich blamieren oder als widersprüchlich wahrgenommen würde. Dies nutzt das Bündnis aus Opposition und Aktivist*innen und verlangt nach Taten. Somit besagt eine dritte Hypothese, dass taktische Konzessionen die Voraussetzung für den präskriptiven Status von Normen sind (Risse und Sikkink 1999, S. 25–28).

In der vierten Phase etablieren sich Normen in einem präskriptiven Status. Um die Übergänge zwischen einer strategischen Bezugnahme auf Normen und deren tatsächlicher Anerkennung empirisch zu fassen, benennen die Autor*innen (Risse und Sikkink 1999, S. 29–31) Anhaltspunkte, die anzeigen, wann die entsprechende Norm tatsächlich als normativ gültig erachtet wird und sie daher präskriptiv, also vorschreibend, wirkt: Einerseits institutionalisieren Staaten die Norm national wie international, indem sie internationale Konventionen ratifizieren, sie in nationales Recht umsetzen und auch nationale Beschwerdestellen einrichten. Anderseits zeigt sich rhetorisch eine höhere Konsistenz, weil Regierungen ihre Argumente nicht mehr nach Publikum und Zeitpunkt variieren. Zugleich suchen sie bei neuerlichen Verletzungen den Dialog mit der Opposition, ohne problematisches Verhalten zu bestreiten oder zu verheimlichen.

Abgeschlossen wird der Sozialisationsprozess im Spiralmodell schließlich durch nachhaltige Institutionalisierung. Bleibt der doppelte Druck weiterhin bestehen, so eine vierte Hypothese, kann der präskriptive Status in eine Phase des empirisch beobachtbaren normgeleiteten Verhaltens übergehen, bei der die Einhaltung von Menschenrechtsnormen zur Gewohnheit wird (Risse und Sikkink 1999, S. 31–33). Insgesamt kommen die Autor*innen durch die vergleichende Analyse zu der Erkenntnis, dass die Erklärungskraft des Spiralmodells über kulturelle, politische oder ökonomische Unterschiede hinweg generalisierbar erscheint (Risse und Sikkink 1999, S. 6).

Das Spiralmodell hat zu weiterer Forschung geführt: So nutzt es beispielsweise Andrea Liese (2006), um in vergleichenden Länderstudien anhand des Folterverbots die Lücke zwischen Normanerkennung und Normachtung in Ägypten, Israel, Großbritannien und Nordirland sowie in der Türkei zu untersuchen. Zehn Jahren nach der Veröffentlichung haben sich die Autor*innen mit ihren konzeptionellen Vorschlägen angesichts aktuellerer Entwicklungen erneut auseinandergesetzt. In „The Persistent Power of Human Rights: From Commitment to Compliance" (Risse et al. 2013) werden nicht nur neue Fallstudien aus der Perspektive des Spiralmodells vorgelegt, sondern auch dessen Erklärungskraft geprüft. Zwar gehen die Autor*innen in der Fortführung ihrer Projektarbeit davon aus, dass das Spiralmodell grundsätzlich als empirisch bestätigt gelten kann und ihm eine prinzipielle Erklärungskraft zukomme (Risse und Ropp 2013, S. 7), sie diskutieren aber auch drei Schwächen: Erstens habe das Konzept die Prozesse und die Rahmenbedingungen nicht spezifisch benannt, unter denen Staaten wie private Akteure zur Einhaltung von Menschenrechtsnormen bewegt werden können. Zweitens wurde angenommen, dass es sich bei den

Normadressat*innen stets um funktionierende Staaten handele, dies sei aber in der Empirie nicht immer der Fall und deshalb müsse das Konzept auch Räume begrenzter Staatlichkeit in Schwellen- und Entwicklungsländern systematisch berücksichtigen. Schließlich habe die damalige Fallauswahl mächtige Staaten wie die USA oder China ausgeblendet, was nun aber nachgeholt werde (Risse und Ropp 2013, S. 4).

3.2 Alternativen zur Normentstehung und zur Normdiffusion

Während die beiden Phasenmodelle vor allem erfolgreiche Normdynamiken analysieren, verweist die folgende Forschung auf Befunde zu empirisch ausbleibender Normentstehung und hinterfragt auf empirischer Basis die Annahme von linearer Diffusion. Dabei zeigt sich angesichts verschiedener Strategien von Normunternehmer*innen, strukturellen Beschränkungen beim Gatekeeping, der Eigenlogik internationaler Foren oder der Relevanz von öffentlicher Aufmerksamkeit für Thematiken, dass noch Forschungsbedarf zur Frage besteht, ob und wie Normen auf welcher Ebene oder in welchen Foren entstehen. Auch die Annahmen der Diffusionsphase werden empirisch hinterfragt, indem Ansätze zu Normlokalisierung und Normtranslation die bisherigen „Enden" des Diffusionsprozesses in den Blick nehmen und dort wesentlich mehr Agency und Dynamik entdecken als klassische Modelle. Dabei ist den Perspektiven gemeinsam, dass sie Sozialisation als weniger zentral erachten: Weil in Diffusionsprozessen alternative Mechanismen genutzt werden, lässt sich nicht zwingend eine Verbreitung von Normen, sondern vor allem deren Veränderung beobachten.

3.2.1 Kommt es überhaupt zur Normentstehung?

Normenforschung wohnt eine Ex-post-Perspektive inne, was bedeutet, dass sie oftmals von einer erfolgreichen Normetablierung „rückwärts" analysiert, wie Normen entstanden sind, sich verbreitet und durchgesetzt haben. Dadurch hat die frühe Normenforschung kaum Studien zu nicht-erfolgreichen Versuchen internationaler Normsetzung vorgelegt. Dies ist allerdings bereits begrifflich schwierig, weil Normen, die sich nicht durchsetzen konnten, streng genommen auch keine Normen sind. Einige Forscher*innen sehen in der Bezeichnung "candidate norms", also Normkandidaten, für solche Phänomene zudem einen unzulässigen Eingriff in die Empirie, weil durch diese Benennung einzelne erfolglose Projekte eine Aufwertung erfahren, die anderen ebenso erfolglosen Versuchen vorenthalten werde (Daase 2013, S. 43). Dennoch weisen diese Überlegungen auf eine früh erkannte Forschungslücke hin, nämlich eine fehlende Konzeptualisierung wie Analyse der Entstehungssituation von Normen (Kowert und Legro 1996, S. 454). Um diese Lücke zu schließen, thematisiert die folgende Forschung akteurszentrierte, prozedurale und strukturelle Faktoren der Normentstehung: Indem Studien die Relevanz von multiplem Agenda-Setting, von öffentlicher Aufmerksamkeit, von Normbeziehungen sowie von internationalen Foren adressieren, prüfen sie grundlegende Annahmen der klassischen Normenforschung empirisch und denken sie konzeptionell weiter oder präzisieren sie.

Erfolgreiche Normvorschläge müssen auf politischen Agenden platziert werden, also von politischen Akteuren jenseits der Normunternehmer*innen als relevant wahrgenommen werden. Üblicherweise geschieht dies, wenn sogenannte Mobilisierungsadressat*innen von der Relevanz eines neuen Angemessenheitsstandards überzeugt werden können. Effektives Normunternehmertum wählt dabei die Adressat*innen strategisch aus, indem es sogenanntes Gatekeeping beim Setzen der Agenda ("agenda setting") von Nichtregierungsorganisationen (NGOs) oder Internationalen Organisationen (IOs) berücksichtigt, also die bewusste Beschränkung der Themenbreite durch besonders relevante Akteure. Da sich die Möglichkeit zum "agenda setting" durch die Position von Organisationen in einem Themennetzwerk oder zu Normunternehmer*innen ergibt, kontrollieren sogenannte "network hubs" das "agenda vetting" (Carpenter 2011, S. 72), also die initiale Prüfung von Themen, aus der sowohl die Aufnahme eines Themas auf die Netzwerkagenda als auch dessen Verweigerung folgen kann. Dieser Prozess lässt sich exemplarisch mit der Normentstehung zu Landminen illustrieren: Erst die Anerkennung durch Human Rights Watch und das Internationale Komitee des Roten Kreuzes als "network hubs" ermöglichte den Erfolg der Kampagnen von Normunternehmer*innen (Carpenter 2011, S. 99).

Allerdings benötigt Normentstehung ein mehrfaches "agenda setting", um die Diffusion eines Problems auf Agenden unterschiedlicher Akteure und Institutionen zu bewerkstelligen. Diesen Prozess nennt Rosert (2019a, S. 1104–1105) "agenda diffusion" und konzeptualisiert ihn als Teil von Normentstehung, also von absichtsvollen, zivilgesellschaftlichen Bemühungen zur Etablierung formalisierter Normen mit dem Ziel kollektiver Verhaltensänderungen. Mithilfe eines vierstufigen Modells wird erklärt, weshalb Normentstehung in einigen Fällen erfolgreich ist, während sie bei anderen ausbleibt. In der ersten Stufe der Problemfestlegung ("problem adoption") entscheiden Normunternehmer*innen, welches Phänomen problematisiert und welcher normative Vorschlag als Lösung in Kampagnen kommuniziert werden soll. Wird dieser Frame in der politischen Debatte als relevantes Thema wahrgenommen ("issue creation"), bewegt sich die Thematik in der zweiten Stufe zwar im politischen Raum, ist aber noch nicht auf institutionellen Agenden des internationalen Systems etabliert. In der folgenden Phase des Aufbaus eines Normkandidaten ("candidate norm creation") konzentrieren sich Normunternehmer*innen deshalb darauf, durch weitere Vernetzung sowie die Auswahl geeigneter internationaler Foren die Thematik auf der Agenda unterschiedlicher Institutionen zu verankern. Gelingt dies, erzeugen Normunternehmer*innen weiteren Druck, damit die Thematik auf die institutionelle Entscheidungsagenda wandert, deren Ergebnis eine Normannahme sein kann. Somit ist nicht nur die vierte Stufe als Normsetzung ("norm creation") erreicht, sondern auch der Prozess erfolgreicher Normentstehung abgeschlossen (Rosert 2019a, S. 1108–1111). Wie Rosert für die Normentstehung zu Streumunition empirisch zeigt, gab es unterschiedlich erfolgreiche Phasen: Obgleich die Waffengattung zwischen 1945 und 1980 vielfach in der Kritik stand, gelang es 1980 bei internationalen Verhandlungen nicht, sie in die neu formulierte *Konvention über bestimmte konventionelle Waffen* (Convention on Certain Conventional Weapons, CCW) zu inkludieren. Erst 2008 konnte ein völkerrechtlicher Vertrag verabschiedet werden, der ein internationales Verbot von Streumunition verbindlich festlegte. Über den Vergleich der beiden Normsetzungsversuche zeigt sich, dass im früheren Versuch die Problemfestlegung kaum auf Resonanz stieß und breitere normative Debatten deshalb ausblieben (Rosert 2019a, S. 1124–1125).

Somit hängt die Normentstehung also auch von der Salienz ab, also von der Aufmerksamkeit für eine Thematik, die sowohl auf dem Engagement von Normunternehmer*innen basiert als auch von den Beziehungen zwischen Normen abhängig ist. Wie Rosert (2019b, S. 78) an anderer Stelle verdeutlicht, ist Salienz nicht allein das Ergebnis von Anwaltschaft durch Akteure, sondern hat eine eigenständige erklärende Kraft. Sie geht den Entscheidungen von Normunternehmer*innen zu Themen- oder Strategieauswahl voraus, weil diese sich an der Salienz von Themen auf der Agenda internationaler Institutionen orientieren. Konkret beeinflusst Salienz die Normentstehung vierfach: Sie wirkt auf die Themenwahl von Normunternehmer*innen, auf die Möglichkeit der Mobilisierung, auf das Ausmaß sozialen Drucks sowie auf die Auswahl von Frames (Rosert 2019b, S. 79) und muss somit als entscheidender Faktor für die Erklärung erfolgreicher Normentstehung wie Nichtentstehung gelten (Rosert 2019b, S. 85). Plausibilisiert wird diese Annahme in einem Vergleich der Entstehung der Anti-Napalm-Norm mit der Anti-Streumunition-Norm: Beide Waffengattungen wurden bei der Etablierung der CCW diskutiert, die Salienz der Napalmthematik erschien aber bei der Verabschiedung der Konvention höher, weshalb der Streumunitionsproblematik weniger Aufmerksamkeit zukam (Rosert 2019b, S. 98).

Mit solchen Normbeziehungen wird ein weiterer Baustein zur umfassenden Erklärung von Prozessen der Normentstehung sichtbar: Gerade in frühen Phasen sind permissive oder nicht-intendierte Effekte für die Entstehung oder Nichtentstehung von Normen relevant, weil sie im „toten Winkel" (Rosert 2019c, S. 2) von Normbeziehungen ihre Wirkung entfalten. Im Vergleich des Verbots von Napalm und Landminen mit der ausbleibenden Regulierung von Streumunition zeigt sich, dass durch die öffentliche Aufmerksamkeit für Napalm und Landminen die Streumunitionsthematik als weniger problematisch wahrgenommen wurde. Weil sie im direkten Vergleich mit den anderen beiden Waffengattungen als akzeptabler erschien, wurde Streumunition auch weiter genutzt. Letztlich können also erfolgreiche Normen – etwa zu Napalm und Landminen – auch andere Normen und deren Entstehung behindern

(Rosert 2019c, S. 7). Allerdings zeigt sich im konkreten Fall auch, dass durch die erfolgreiche Etablierung des Napalmverbots die dahinter liegenden Grundsätze des humanitären Völkerrechts im Bewusstsein politischer Akteure so gestärkt wurden, dass sie als Basis für späteres Normunternehmertum im Bereich der Streumunition genutzt werden konnten (Rosert 2019c, S. 383–385).

Schließlich stellt sich für erfolgsversprechendes Normunternehmertum auch die Frage, an welchem Ort eigentlich Normadressat*innen durch Argumente oder sozialen Druck zur Anerkennung einer neuen Norm bewegt werden können. Im Sinne der Effektivität muss also geklärt werden, in welchen internationalen Foren relevante Adressat*innen erreichbar sind und welche institutionellen Effekte diese Orte ("venues") haben. Somit wählen Normunternehmer*innen aufgrund von Mitgliedschaft, Mandat, (rechtlicher) Qualität der Ergebnisse, der formalen und informellen Arbeitsverfahren sowie der Legitimität von Foren aus, in welcher Institution die propagierte normative Thematik verfangen könnte (Coleman 2011, S. 168). Am Beispiel des Landminenverbots wie der Responsibility to Protect (R2P) kann gezeigt werden, dass internationale Foren und ihre Eigenlogiken zu unterschiedlichen Ergebnissen führen können: In beiden Fällen war mindestens ein Forenwechsel notwendig, beide Normen konnten nur in bestimmten "venues" zu einer bestimmten Zeit erfolgreich initiiert werden. Somit wird deutlich, dass die rationale Forumsauswahl entscheidend für die Normentstehung ist, es aber zugleich keine per se erfolgsversprechenden "venues" gibt. Stattdessen muss eine Passung zwischen spezifischem Normunternehmertum und den Charakteristika eines Forums vorliegen (Coleman 2011, S. 182). In Summe ist also strategisches "forum shopping" für Normdiplomatie wahrscheinlich, um die Wirkungspfade von Normen überhaupt etablieren zu können.

3.2.2 Was sind Alternativen zur Sozialisation im Diffusionsprozess?

In klassischen Phasenmodellen folgt auf die Normentstehung eine Diffusionsphase, bei der eine Kaskade der Übernahme entstehen kann. In dieser Phase sind Normen bereits auf der politischen Agenda und setzen sich zunehmend in Rhetorik und Praxis durch, wobei Diffusion hier schlicht die Ausbreitung von internationalen Normen meint. Dabei unterstreichen die Metaphern von Kaskade und Spirale einen Quasi-Automatismus vorgestellter Normverbreitung: Normen werden als stabile Angemessenheitsstandards betrachtet, weshalb ihr Transport möglich ist und globale Normen lediglich in einen nationalen oder lokalen Kontext „verfrachtet" werden. Zudem erscheint die Verschränkung von internationalen und nationalen Akteuren kaum konfliktiv, sodass Diffusion über die Ebenen hinweg gelingt. Als Korrektiv zu solchen Vorstellungen werden im Folgenden nun Konzeptionen von Lokalisierung und Translation vorgestellt, die auf die Auseinandersetzung lokaler Adressat*innen mit globalen Normen fokussieren und dabei auch die Wechselwirkungen zwischen globaler und lokaler Ebene ausleuchten. Zudem folgt ein Ansatz, der die Diffusion nicht an die Übernahme normativer Vorstellungen koppelt, sondern stattdessen die Relevanz von irreführender Rhetorik und missbräuchlicher Nutzung von Normen für ihre Verbreitung prüft.

Normen entstehen nie in einem normativen Vakuum, sondern treffen immer auf bereits etablierte normative Kontexte politischer, sozialer, rechtlicher oder kultureller Natur. So stoßen globale Normen bei der beabsichtigten Umsetzung vor Ort auf lokale Normen, zu denen sie unterschiedlich gut anschlussfähig sind. Während einige Ansätze innerhalb der Normenforschung eher implizit davon ausgehen, dass globale, universell gültige Normen in

Diffusionsprozessen lokale Normen ersetzen, problematisieren andere Zugänge die Kompatibilität globaler und nationaler Normen und erwarten ein "mismatch" zwischen Normen auf unterschiedlichen Ebenen. Wie die Forschung zu Normlokalisierung verdeutlicht, argumentieren beide Perspektiven mit statischen Konzepten, weil sie Normen sowie Ebenen als gegeben und stabil ansehen (Acharya 2004, S. 242–243). Aus Sicht der Lokalisierungsforschung wird allerdings davon ausgegangen, dass Akteure vor Ort globale Normen „lokalisieren", indem sie sie anschlussfähig machen und dabei Aspekte aus beiden normativen Sphären übernehmen oder modifizieren. Unter Lokalisierung versteht Amitav Acharya (2004, S. 245) dabei „the active construction (through discourse, framing, grafting, and cultural selection) of foreign ideas by local actors" (Acharya 2004, S. 245). Anders als bei eindeutiger Normübernahme oder -ablehnung führt Lokalisierung zu Veränderungen, so gelten etwa lokale Normen zwar weiterhin, sind aber durch globale Versatzstücke verändert worden (Acharya 2004, S. 253–254). Dabei prägen drei Bedingungen normative Lokalisierungsprozesse: Das Vorhandensein von lokalen Initiativen, der Grad an Übereinstimmung zwischen lokalen und globalen Normen sowie die Möglichkeit für lokale Akteur*innen, ihr Prestige und jenes von lokalen Normen zu steigern (Acharya 2004, S. 247). Auf regionaler Ebene lassen sich Lokalisierungsprozesse am Beispiel des Verbands Südostasiatischer Nationen (Association of Southeast Asian Nations, ASEAN) und dessen unterschiedlichem Umgang mit der Norm gemeinsamer Sicherheit illustrieren. Nach dem Zweiten Weltkrieg entstand in Ost- und Südostasien eine regionale Sicherheitsarchitektur, die sich allerdings von der transatlantischen oder europäischen hinsichtlich ihrer Normen und ihres Institutionalisierungsgrads maßgeblich unterschied. Deshalb priesen europäische oder US-amerikanische Initiativen eine stärkere sicherheitspolitische Integration im asiatisch-pazifischen Raum nach dem Vorbild des europäischen Konzepts der „gemeinsamen Sicherheit". Obgleich dies tatsächlich Normdynamiken entfachte, ist das Ergebnis aber eben keine Übernahme europäischer Sicherheitsnormen, sondern ein Lokalisierungsprozess innerhalb von ASEAN: Mit der sog. „kooperativen Sicherheit" wurde dort eine Norm etabliert, die inhaltlich wie institutionell Vorstellungen aus beiden Kontexten miteinander verbindet. Insgesamt unterstreicht die Lokalisierungsforschung damit sowohl die Relevanz lokaler Wissensbestände und Normen, die bereits im Vorfeld einer internationalen Normdiffusion existierten, als auch die lokale Agency in internationalen Normdynamiken.

In einer Weiterentwicklung seines Lokalisierungsansatzes radikalisiert Acharya (2011, S. 97) diese Annahmen, indem er von Subsidiarität spricht, also davon ausgeht, dass in Normsetzungen die niedrigstmögliche Ebene zentral sein sollte und sich im Zweifel die lokale Ebene gegen globale Dominanz durchsetzt. Somit wird die zuvor nur implizite Thematisierung des Nord-Süd-Konflikts in Normdynamiken durch die Offenlegung von Machteinschreibungen explizit gemacht: Sie finden sich sowohl in den Vorstellungen einer eindeutigen Diffusionsrichtung vom globalen Norden in den globalen Süden als auch in universell konzipierten, aber als westlich wahrgenommenen Normen. Die Unterschiede zwischen Normlokalisierung und -subsidiarität schließen hier an: Während Lokalisierung eher innergesellschaftlich orientiert ist, adressiert Subsidiarität mit ihrer Kritik vor allem externe Akteure. Zugleich agieren lokale Akteure in der Normlokalisierung noch prinzipiell gestaltend, wohingegen sie im Rahmen der Subsidiarität globale Normen schlichtweg ablehnen. Allerdings können lokale Normen über Subsidiarisierungsprozesse auch universalisiert werden, wenn es Akteuren etwa gelingt, eine ursprünglich lokale Vorstellung global zu verankern.

Schließlich bezieht sich Normlokalisierung auf sämtliche Prozesse lokaler Anpassungen weltweit, während Normsubsidiarität auf „periphere" Akteure fokussiert, also solche, die als weniger mächtig im internationalen System gelten. Auf Autonomie bedacht, verstehen diese Akteure eine globale Normsetzung durch dominante, nicht-periphere Akteure als normative Intervention von außen und reagieren im Sinne eines Pochens auf Subsidiarität (Acharya 2011, S. 97–99). Somit trägt Acharya erheblich dazu bei, eine postkoloniale Kritik internationaler Normen und nicht zuletzt der Normenforschung zu formulieren, die in Abschn. 4.2 wieder aufgegriffen wird und die auch auf agonale Wirkungspfade von Normen verweist.

Aus Sicht der Translationsforschung betonen die Studien zu Lokalisierung mit ihrem Hinweis auf die Agency der bislang eher passiv gedachten Normadressaten*innen allerdings die lokale Ebene in Normdynamiken zu stark. Implizit wurde einer Top-down-Perspektive auf internationale Normen somit bisweilen eine Bottom-up-Perspektive entgegengesetzt und die Wechselbeziehungen zwischen den Ebenen nicht systematisch mitgedacht. Grundlegend gehen auch Ansätze der Normübersetzung oder Normtranslation davon aus, dass internationale Normen regional, national oder lokal zunächst als fremd und kaum anschlussfähig wahrgenommen werden. Deshalb können sie nicht einfach implementiert werden, sondern müssen vor Ort aktiv verhandelt werden, um als legitim und damit überhaupt handlungsanleitend wahrgenommen zu werden (Zwingel 2016, S. 23). Translation darf aber nicht einfach als Übertragung von Normen, Wissen oder Policies verstanden werden, die den Vorstellungen und Absichten des Senders entspricht, sondern ist ein komplexer und vermachteter Prozess, in dem Bedeutung über Ebenen transportiert, aber vor allem transformiert wird (Berger und Esguerra 2018, S. 1–2). Somit hinterfragt die Translationsperspektive die Vorstellung einer linearen Diffusion mit binärem Ergebnis, nämlich Normübernahme oder Normzurückweisung, und verweist stattdessen auf die Relevanz unterschiedlicher Kontexte von Normdynamiken für kausale Effekte von Normen (Zwingel 2012, S. 116; Berger 2017, S. 7; Zimmermann 2017a, S. 26).

Am Beispiel der UN-Frauenrechtskonvention (*Convention on the Elimination of All Forms of Discrimination Against Women,* CEDAW) lässt sich illustrieren, dass und wie sich Normen auf ihrer „Reise" durch verschiedene Kontexte und Ebenen verändern und welche Dynamiken sie dabei auslösen (Zwingel 2012, S. 116). So werden Menschenrechtsnormen durch Akteure mehrdeutiger verstanden als in der Normenforschung angenommen. Auch hält der implizite Dualismus der Empirie nicht stand, nach dem Frauenrechtsnormen in der Praxis tatsächlich (nur) von liberal orientierten Staaten unterstützt und umgekehrt von autokratisch regierten Staaten (vor allem) abgelehnt würden. Schließlich betont die Forschung in ähnlich binärer Logik die Selbstlosigkeit von NGOs gegenüber der Interessenorientierung von Staaten, obgleich die Empirie hier auch diverser ist (Zwingel 2012, S. 120). Stattdessen zeigt Forschung zur transnationalen Frauenrechtspolitik auf, dass für internationale Normen politische Interaktionen, normative Ambiguitäten und variierende Kontexte alltäglich sind, die eine linear vorgestellte Diffusion erschweren (Zwingel 2012, S. 119–121): So greifen politische Ebenen ineinander und auch lokale, nationale oder transnationale Akteure sind grundsätzlich heterogen, wodurch sich nicht zuletzt „das Lokale" uneindeutiger darstellt als in Normmodellen angenommen. Indem also multidirektionale Prozesse Akteure und Ebenen in Beziehung setzen und interkulturelle Bedeutungsvermittlung ermöglichen, bleiben Translationen grundsätzlich ergebnisoffen bezüglich konkreter Bedeutungen und Diffusionsprozesse. Dabei lassen sich drei unterschiedliche Formationen von Translation unterscheiden (Zwingel 2012, S. 124–126): Eine erste Formation zeigt sich als "global discourse translation" auf internationaler Ebene, wenn Aktivist*innen aus diversen Kontexten einen globalen Diskurs initiieren, der auf die Etablierung einer neuen Norm wie etwa CEDAW zielt und dabei unterschiedliche inter- und transnationale Akteure adressiert. Die zweite Konstellation, "impact translation", thematisiert die Translation globaler Normen in nationale Kontexte. Obwohl dabei unterschiedliche Formen von Adaption, Aneignung oder Ablehnung selbst bis in Mikroprozessen des Politischen – etwa als die Übernahme der Norm in Dialekte – beobachtet werden können, bleibt dennoch der Kontext für die Ergebnisse zentral. Eine dritte Formation fasst unter dem Begriff der verzerrten Translation ("distorted translation") verschiedene Prozesse, bei denen die Verbindung zwischen globaler und lokaler Ebene kaum gegeben ist, etwa weil lokale Aktivist*innen sich nur indirekt auf globale Normen beziehen, Normen zu nicht-intendierten Effekten auf globaler Ebene führen oder eine eindeutige normative Diskrepanz zwischen verschiedenen Ebenen vorliegt. Insgesamt unterstreicht die Translationsperspektive, dass Normen – hier CEDAW – kontinuierlich verhandelt werden und durch die Einbeziehung von Kontexten der Blick für Agency und nicht zuletzt auch Macht in Normdynamiken geschärft wird (Zwingel 2012, S. 126).

Auch am Beispiel von Rechtsstaatlichkeit lassen sich Translationsprozesse verdeutlichen: So haben internationale Organisationen wie die EU und das UN-Entwicklungsprogramm seit den 2010er-Jahren diverse Programme aufgelegt, um über lokale Gerichtsbarkeit die Rechtsstaatlichkeit in ländlichen Regionen Bangladeschs zu stärken und somit einen Beitrag zu regionaler Konfliktlösung zu leisten (Berger 2017, S. 6). Vor Ort treffen diese Initiativen allerdings auf einen rechtlichen

Pluralismus, in dem staatliche und nicht-staatliche, religiöse und säkulare, mobile und stationäre Gerichtsbarkeiten mit unterschiedlichen Verbindungen zum Kolonialismus nebeneinanderstehen und dabei mit westlichen Perspektiven auf Rechtsstaatlichkeit nur teilweise vereinbar erscheinen (Berger 2017, S. 2). Um in diesem Kontext Effekte zeitigen zu können, müssen globale Normen für die Anwendung transformiert werden und an den lokalen Sinn anschließen. Translation stellt hier eine Praxis zwischen globalen Top-down- und lokalen Bottom-up-Aktivitäten dar, die im Ergebnis die ursprüngliche Norm transformieren (Berger 2017, S. 6–7): Vorlagen internationaler Programme müssen „übersetzt" werden, wenn sie lokale Begebenheiten erreichen und verändern wollen. Dies gilt auch für sogenannte Artefakte, also Poster, Formulare, selbst Mobiliar, das von lokalen NGOs und internationalen Organisationen in Bangladesch genutzt wird, um lokale, mobile Gerichtsbarkeit zu ermöglichen. Wie die Translationsforschung herausarbeitet, übersetzen lokale Mitarbeiter*innen dabei internationale Vorstellungen zu Rechtsstaatlichkeit in dreifacher Hinsicht: Sie übersetzen das normative, aber säkulare UN-Vokabular von Rechtsstaatlichkeit in die Sprache des islamischen Rechts, sie übersetzen die Ideen internationaler Organisationen zu Dorfgerichten in die Traditionen lokaler Gerichtsbarkeit in Bangladesch und sie übersetzen aus internationaler Bürokratie stammende Formulare, sodass sie nicht allein als Instrumente zur Dokumentation von Verfahren, sondern als Formen sozialen Kapitals gelten, mit dem auch Personen für die Gerichtsbarkeit erreicht werden können, die sich vorher ausgeschlossen gefühlt haben (Berger 2017, S. 9–10). Somit ergibt sich aus dieser Translationsperspektive ein komplexes Wechselspiel der Ebenen, bei dem es nicht ganz einfach ist, Normen analytisch durch die Translation zu folgen.

Schließlich unterstreichen auch die Translationsprozesse von Normen der Rechtsstaatlichkeit in Guatemala, dass Sozialisations- oder Lokalisierungsansätze die beobachtbaren Dynamiken nicht in Gänze abdecken, weil sie entweder auf unidirektionale Prozesse (Sozialisation) oder allein auf die lokale Ebene als Filter in der Analyse (Lokalisierung) fokussieren (Zimmermann 2017a, S. 44). Stattdessen zeigt sich empirisch aber ein "in-between" zwischen Internalisierung und Zurückweisung von Normen. Auf einem Spektrum unterschiedlicher Ergebnisse von Prozessen, bei denen Normen Ebenen überschreiten, lassen sich drei Dimensionen der Translation unterscheiden: Die Übersetzung in Diskurs, die Übersetzung in Recht sowie die Übersetzung in die Implementation, wobei diese Dimensionen nicht als zeitliche Phasen zu verstehen sind (Zimmermann 2017a, S. 54). Dabei strukturiert die Translation globaler Normen in lokale Diskurse bereits die Translation in nationales Recht und in die Implementation vor. Sie erfolgt über *Frames*, die die Problematisierungen und normativen Vorstellungen so bündeln, dass sie kommunizier- und verstehbar werden. Als Reaktion auf globale Frames entwickeln sich drei Typen lokaler Antworten (Zimmermann 2017a, S. 57): Frames des offenen Widerstands stellen die Geltung der globalen Norm infrage, Frames der konstruktiven Kritik machen Vorschläge zur lokalen Anpassung der globalen Norm und Frames der Unterstützung befürworten die ursprüngliche globale Rahmung. Auch bezüglich dieser Frames sind unterschiedliche Ausprägungen beobachtbar, die zwischen vollständiger Ablehnung und vollständiger Übernahme noch die Möglichkeit einer Umgestaltung ("reshaping") zulassen, bei denen die Norm angepasst wird, indem Erweiterungen wie Auslassungen angefügt werden (Zimmermann 2017a, S. 58–59). An drei untersuchten Normen zu Rechtsstaatlichkeit (Kinderrechte, das Recht auf freien Zugang zu Informationen sowie Standards für Rechtsstaatlichkeitskommissionen) in Guatemala zeigt sich zu Beginn der Interaktion, dass externe Akteure zunehmend

Druck auf die lokalen Akteure ausübten, um sie zur Übernahme internationaler Normen zu bewegen. Allerdings reagierten lokale Stakeholder weitgehend mit Zurückweisung, sodass in einer zweiten Phase die internationalen Akteure ihre Strategie änderten und zunehmend den inhaltlichen Austausch suchten. So trug die Interaktion nicht nur zu einem globalen Strategiewechsel bei, sondern führte auch zu Modifizierungen der globalen Normen im lokalen Kontext (Zimmermann 2017b, S. 778–782). Insgesamt verweist Normtranslation also auf die reflexiven Beziehungen zwischen globaler und lokaler Ebene, wodurch eine lokale Interpretation und Aneignung von Normen nie ohne Rückkopplungen auf die internationale Ebene geschieht (Zimmermann 2017a, S. 21). Dabei nutzt sie in ihren Erklärungen selten den individuellen oder kollektiven Wirkungspfad, sondern versteht die Normwirkung als Ergebnisse von Verständigung oder Kontestation.

Jedoch greifen nicht alle alternativen Erklärungen internationaler Normdiffusion auf Lokalisierungs- oder Translationsansätze zurück, sondern hinterfragen auch grundlegende Annahmen zur Sozialisation im Kaskadenmodell: Während die Normkaskade erfolgreiche Diffusion an positive Beispiele oder Präzedenzfälle koppelt, illustrieren Normdynamiken um die internationale Schutznorm (R2P) angesichts von Massengräueltaten das produktive Potenzial von missbräuchlichem Bezug ("misrepresentations"), Kritik und normativen Debatten für Normen (Badescu und Weiss 2010, S. 360). Am Beispiel von drei prominenten Nutzungen der R2P innerhalb der UN zeigt sich, dass auch eine „falsche" Bezugnahme auf Normen einen positiven Effekt auf ihre weitere Verbreitung haben kann: So begründeten die USA und das UK 2003 ihre Entscheidung, einen Krieg gegen den Irak zu führen, auch mit humanitären R2P-Argumenten. 2008 nutzte die französische Regierung die R2P als Argument im UN-Sicherheitsrat: Angesichts des massiven Leids, das der Zyklon Nargis über Myanmar/Burma gebracht hatte, sollte der Verweis auf die R2P ermöglichen, Hilfsgüter ohne die Zustimmung der burmesischen Militärdiktatur zu entsenden. Schließlich betrachtete die russische Regierung im selben Jahr den Krieg zwischen Georgien und Russland um das georgische Gebiet Südossetien als Fall für die R2P: Die Intervention sei humanitär begründet, weil russische Bürger*innen in der Region der Gefahr eines Völkermordes ausgesetzt seien. In allen drei Fällen wurde die Bezugnahme auf die R2P international breit zurückgewiesen. Interessant sind diese empirischen Illustrationen vor allem, wenn sie konzeptionell gewendet werden: So war es in allen Fällen weder Sozialisation durch sozialen Druck noch Überzeugung durch erfolgreiche Argumente, die eine Stärkung der Norm befördert hat. Stattdessen wurde die R2P durch die Reaktion auf bewusst „falsche" Verwendungen rhetorisch stabilisiert und ihr Geltungsbereich konkretisiert, indem deutlich wurde, in welchen Fällen sie nicht gelten soll. Zugleich fanden Unterstützer*innen der R2P durch diese Auseinandersetzungen wieder stärker zueinander (Badescu und Weiss 2010, S. 366–368). Somit zeigt sich ein alternativer Weg der Diffusion jenseits einer Sozialisationsperspektive, der von früherer Normenforschung im Kaskaden- oder Spiralmodell nicht bedacht worden war.

3.3 Alternativen zu Normumsetzung und zur Normeinhaltung

In klassischen Phasenmodellen führt die Normkaskade oder -spirale zu einer Anerkennung der Norm, der sich dann die Phase der Umsetzung und Einhaltung anschließt. Wie gerade vorgestellt, mag dieser Normanerkennung eine gewisse Anpassung durch Lokalisierung oder Translation vorausgehen, aber grundsätzlich können nach diesem „Umweg" auch hier die Normumsetzung im Sinne von Implementation und schließlich die Einhaltung als Internalisierung folgen. Wie die Studien und Ansätze der nächsten Seiten jedoch zeigen, bleiben Normdynamiken politische Prozesse mit offenem Ende und alternativen Dynamiken – auch in der vermeintlich letzten Phase normativen Wandels. Wie diese Forschung belegt, gestalten sich Normdynamiken empirisch anders als konzeptionelle Annahmen nahelegen, weshalb die Komplexitäten und Widersprüche internationaler Prozesse auch theoretisch gespiegelt werden müssen. Durch eine explizit politische Perspektive auf die Implementations- und Internalisierungsphase wird unterstrichen, dass lineare Diffusionsmodelle die empirische Realität nur begrenzt abbilden können: Statt Umsetzung lassen sich nämlich neben einer Lücke zwischen Institutionalisierung und Implementation auch Prozesse von gescheitertem Normwandel und Normpolarisierung sowie Normerosion und Normsterben beobachten.

3.3.1 Folgt auf die Anerkennung einer Norm auch zwingend ihre Umsetzung?

Wie die Forschung belegt, muss Normumsetzung trotz formaler Anerkennung keineswegs gelingen, sondern kann sogar ausbleiben. Konkret zeigt sich, dass während beim Kaskadenmodell durch die Übernahme globaler Normen in nationales Recht eine Internalisierung erfolgt, die Ratifizierung von globalen Rechtsnormen als Institutionalisierung empirisch nicht zu ähnlicher Implementation in unterschiedlichen Staaten führt. Statt eines Automatismus von der Anerkennung zur Normumsetzung wird eher eine Lücke zwischen Institutionalisierung und Implementation ("institutionalization-implementation gap") sichtbar, die unterstreicht, dass es sich um zwei unterschiedliche Phasen der möglichen Anfechtung, Veränderung und Kritik von Normen handelt (Betts und Orchard 2014, S. 2). Zugleich hat diese Lücke mehrere Effekte und basiert in ihrer konkreten Ausprägung auf verschiedenen Bedingungen: Sie beeinträchtigt die Relevanz von Normen für die Praxis, weil Normgeltung von der internationalen Institutionalisierung und der nationalen Implementation gleichermaßen abhängt. Eine empirisch beobachtbare Varianz in der Implementation von breit institutionalisierten Normen offenbart Unterschiede ihrer inhaltlichen Eindeutigkeit, ihrer rechtlichen Basis und Salienz sowie in den Konstellationen beteiligter Akteur*innen (Betts und Orchard 2014, S. 11). Zudem können drei unterschiedliche Normtypen die konkrete Form der Lücke beeinflussen: Während sich Vertragsnormen in internationalen Abkommen finden und durch Regierungen national implementiert werden, sind normative Prinzipien als zweiter Typus eher informell und durch rhetorische Anerkennung in internationalen Foren geprägt. Policy-Normen schließlich bezeichnen Normen, die vorrangig in bestimmten internationalen Organisationen oder Ministerien relevant sind (Betts und Orchard 2014, S. 7–10). Zugleich macht aber auch die nationale Ebene einen Unterschied bei der Entstehung wie der potenziellen Schließung dieser Lücke, weil ideelle, materielle und institutionelle Faktoren bestimmen, wie Normimplementation national kanalisiert wird: Als ideelle Faktoren geben kulturelle Kontexte, lokales Wissen und nationale Rechtssysteme einen Rahmen vor, der die Implementation vorstrukturiert. Ebenso wirken sich Akteursinteressen als materielle Faktoren auf die Interpretation von Normen aus und prägen als nationalstaatliche Kapazitäten, wie die Implementation überhaupt erfolgen kann. Institutionelle Faktoren schließlich beeinflussen Normen und ihre Implementation durch organisationale Identitäten oder bürokratische Umstrittenheit (Betts und Orchard 2014, S. 13–18). Wie der Verweis auf verschiedene Normtypen und variierende Faktoren unterstreicht, kann Implementation also nicht einfach als nachgelagerte Umsetzung, sondern muss als eigenständiger politischer Prozess betrachtet werden, der die Voraussetzung für die Normeinhaltung darstellt und bei dem unterschiedliche Ergebnisse für die Normumsetzung zu erwarten sind.

Jenseits dieser Lücken zwischen internationaler Institutionalisierung und nationaler Implementation unterstreicht die Forschung aber auch verschiedene Formen normativer Sackgassen, die als Scheitern des Normwandels oder internationale Polarisierung von Normen bereits die Anerkennung erschweren. Ein Beispiel, bei dem eine neue Norm als bereits anerkannt galt, aber dennoch die Umsetzung ausblieb, stellt das Verbot des kommerziellen Walfangs dar, das die ersten Phasen des Kaskadenmodells durchlief, bevor die normative Dynamik in eine Sackgasse geriet. In den 1980er-Jahren setzte in der seit 1946 bestehenden Internationalen Walfangkommission ein normativer Wandel ein (Bailey 2008, S. 289–291): Weil während der 1970er-Jahre deutlich wurde, dass die Walbestände kontinuierlich schrumpften, entstand eine Bewegung, die aus Gründen des Artenschutzes eine Einstellung des kommerziellen Walfangs forderte und auf bestehende Alternativen zu Produkten aus Walen verwies. Zunehmend schlossen sich auch die Mitgliedstaaten der Walfangkommission dieser Lesart an, was 1982 in einem Moratorium gipfelte, das den kommerziellen Walfang aussetzte und seitdem nicht wieder aufgehoben wurde. Somit verstand die Organisation nicht mehr die effektive Gewährleistung von Walfang, sondern den Schutz von Walen als ihre zentrale Aufgabe. Das Moratorium wurde mit einer Zustimmung von 25 zu vier Staaten angenommen. Dennoch zeigte sich bereits in dieser Phase, dass zentrale Staaten wie Japan, Norwegen, Peru oder die UdSSR, deren Anteile am globalen Walfang überproportional waren, der normativen Rahmung grundsätzlich kritisch gegenüberstanden und deshalb gegen die Verabschiedung des Moratoriums stimmten (Bailey 2008, S. 298). Zwar nahmen die Staaten ihre formalen Einwände in den folgenden Jahren zurück, dennoch folgte auf diesen möglichen "tipping point" keine Normkaskade, sondern Norwegen und Japan kehrten im Gegenteil zum Walfang zurück. Dabei brachten unterschiedliche Faktoren den Normwandel zum Erliegen: Zunächst erwies sich die vorgeschlagene Norm als uneindeutig, weil sie kommerziellen Walfang von solchem aus wissenschaftlichen oder kulturell-historischen Gründen unterscheiden musste. Zudem ergeben sich normative Spannungen mit kulturellen Menschenrechten oder den Rechten indigener Völker, die auch von Japan oder Norwegen zur Rechtfertigung ihrer Praxis genutzt wurden (Bailey 2008, S. 299–304). Schließlich zeigten sich beide Staaten resilient gegenüber sozialem Druck: Da Norwegen in vielen anderen Umweltthemen als Vorreiter gilt, litt seine internationale Reputation durch fortgesetzten Walfang nur begrenzt. Auch Japan zeigte sich von der Kritik internationaler NGOs unbeeindruckt, sondern führte sein als wissenschaftlich bezeichnetes Walfangprogramm weiter. Zudem gab es in beiden Fällen kaum explizite Missbilligung der Walfangpraxis in nationalen Debatten (Bailey 2008, S. 305–308). Stattdessen wurde Kritik mit dem Hinweis begegnet, die Internationale Walfangkommission habe ihre Zielsetzung de facto verschoben, während innerhalb der Kommission eine Veränderung der Stimmverhältnisse betrieben wurde, indem weitere Staaten als Mitglieder angeworben wurden, deren Interesse an einem Walfangverbot eher gering war (Bailey 2008, S. 308–312). Somit konnte die Anti-Walfang-Normsetzung lediglich den Minimalkonsens etablieren, dass Wale keine alltägliche Ware sind. Das dahinter liegende Argument variiert allerdings erheblich: Sehen die einen in Walen grundsätzlich zu schützende

Lebewesen, erachten die anderen ihren begrenzten Fang als Teil einer besonderen Praxis, die kulturell und identitär begründet ist (Bailey 2008, S. 313–314).

Demgegenüber wird am Beispiel der Normen zu sexueller Orientierung und geschlechtlicher Identität ("sexual orientation and gender identity", SOGI) eine internationale Normpolarisierung sichtbar: Schon seit längerer Zeit werden SOGI-Rechte von einer knappen Mehrheit der UN-Mitglieder als Teil der internationalen Menschenrechtsagenda unterstützt, der "tipping point" samt Normkaskade ist aber bislang ausblieben. Im Gegenteil: Aktiver Widerstand durch diverse Akteurskoalitionen auf unterschiedlichen Ebenen hat zu einer Polarisierung geführt, in der sich zwei etwa gleich große Gruppen mit unterschiedlichen Angemessenheitsstandards gegenüberstehen. Obgleich in der Debatte auch formale Argumente zu finden sind, die die Verregelung von SOGI-Themen als allein nationale Aufgabe verstehen, begründen die meisten kritischen Akteure ihre Zurückweisung mit Verweis auf Tradition, Kultur oder Religion (Symons und Altman 2015, S. 65). Seit den 1990er-Jahren wurde die SOGI-Thematik in unterschiedlichen Foren des UN-Menschrechtssystems diskutiert und vor allem von Demokratien in Europa und Lateinamerika, aber auch von den USA, Japan und Südafrika sowie von NGOs unterstützt, die konkret für LGBTQ*-Rechte eintreten (Symons und Altman 2015, S. 75–78). Allerdings zeigte sich auch früh, dass andere Akteure diesen Vorstößen kritisch gegenüberstehen: Russland, Ägypten, Iran und Pakistan, aber auch Regionalgruppen oder religiöse Akteure wie der Heilige Stuhl oder die Organisation Islamischer Staaten lehnten Diskussionen zu SOGI-Themen vielfach mit identitären Argumenten ab. So ergab sich innerhalb der UN eine Pattsituation: War 2003 eine Resolution zu „Human Rights and Sexual Orientation" in der Menschenrechtskommission noch verhindert worden, befürwortete 2011 eine knappe Mehrheit im UN-Menschenrechtsrat die Beauftragung einer internationalen Studie, die den Beitrag internationaler Menschenrechtsverträge zur Verhinderung von Diskriminierung und Gewalt gegen LGBTQ*-Personen untersuchen sollte. Bei der Vorstellung dieser Studie verließen einige Mitglieder in konzertiertem Protest die Sitzung. Zudem wirbt Russland seit den späten 2000er-Jahren international vehement für den Schutz „traditioneller Werte". Auf beiden Seiten werden also Frames genutzt, durch die die andere Gruppe als Out-Group wahrgenommen wird. Insgesamt ist diese normative Dynamik durch eine doppelte Spirale gekennzeichnet, die die internationale und nationale Ebene verkoppelt, und durch die empirisch ungewöhnliche Koalitionen entstehen: So kooperieren etwa evangelikale Gruppen aus den USA mit afrikanischen Regierungen, die Homosexualität kriminalisieren, oder mit russischen Gruppen, die sich für traditionelle Werte aussprechen. Zugleich finden sich Verfechter*innen von SOGI-Rechten zeitweise mit rechten Anti-Islam-Gruppen in einer Diskursgemeinschaft, um gemeinsam die vermeintlich homophoben Einstellungen islamischer Akteur*innen zu kritisieren (Symons und Altman 2015, S. 82–86). Insgesamt zeigt sich so ein Prozess rivalisierender Sozialisation, der in einer Normpolarisierung gipfelt, in der sich gleichbleibend starke Gruppen gegenüberstehen, deren identitär geprägte Zuschreibungsprozesse diese Situation nur verfestigen und jeglichen Normwandel blockieren.

3.3.2 Stellt Normeinhaltung das Ergebnis von Normdynamiken dar?

Als letzte Phase von Normdynamiken gilt in klassischen Modellen die Normeinhaltung, bei der die Norm gleichermaßen anerkannt wie implementiert ist und somit kaum mehr rhetorisch oder praktisch infrage gestellt wird. Dennoch kann die Normenforschung empirische Entwicklungen aufzeigen, die auch diese letzte Phase als wesentlich dynamischer erscheinen lassen: Prozesse von Normerosion, also sich auflösender Normeinhaltung, werden ebenso beobachtet und analysiert wie die Ersetzung oder der Tod von internationalen Normen über Zeit. Die vorgestellten Arbeiten nutzen diese Beobachtungen fortwährender Normdynamiken, um konzeptionelle Weiterentwicklungen vorzuschlagen.

Norminternalisierung ist erfolgreich, wenn Normen so „normal" sind, dass über ihre Einhaltung nicht mehr diskutiert werden muss. Dies gilt umso mehr für normative Tabus, die die Normenforschung bei bestimmten Waffengattungen oder beim Folterverbot identifiziert hat und bei denen bereits die erneute Diskussion eine Schwächung des Tabus darstellen würde. Wie aber Forschung verdeutlichen kann (Rosert und Schirmbeck 2007, S. 257–258), birgt diese Konzeptualisierung zwei Blindstellen: das Ausblenden von Agency nach erfolgreicher Normanerkennung und die implizite Annahme von normativem Fortschritt. Empirisch zeigte sich jedoch, dass als Reaktion auf die Terroranschläge von 9/11 in den USA tatsächlich wieder über das absolute Verbot von Folter oder die gezielte Nutzung von Atomwaffen diskutiert wurde. Einerseits wurde aufgrund drohender Anschläge öffentlich debattiert, wie Verdächtige zur Preisgabe von Informationen gezwungen werden können. Andererseits führte technischer Fortschritt zur Entwicklung kleinerer, präziserer und somit weniger Leid verursachender Atombomben ("mini nukes") durch die USA, was die Diskussion über veränderte Einsatzmöglichen etwa im „Krieg gegen den Terror" entfachte. In beiden Fällen handelt es sich um offenkundige Anzeichen einer Normerosion, die als „(Wieder-)Ausweitung eines vormals durch die Norm eingeschränkten Handlungsspielraums eines Akteurs auf

Kosten der jeweiligen Norm" verstanden wird (Rosert und Schirmbeck 2007, S. 258). Obgleich sich beide Normen eigentlich bereits in der letzten Phase der Normkaskade befanden, zeigen sich empirische Auflösungsprozesse bei der Normgeltung, die von unterschiedlichen Akteursgruppen ausgehen: Während das nukleare Tabu von politischen Eliten immer eher strategisch eingehalten und auch durch diese, also "top-down", infrage gestellt wurde, war das Foltertabu umfassend internalisiert. Hier waren es Bevölkerung und Medien, die die Erosion "bottom-up" in der öffentlichen Diskussion betrieben, und deren Argumente erst später von der Regierung aufgenommen wurden. Basierend auf diesem Befund lässt sich die Konzeptualisierung von Internalisierung hinterfragen, da klassische Modelle nicht konkret bestimmen, welche Akteure Normen eigentlich internalisieren müssen und ab welchem Moment diese als internalisiert gelten dürfen (Rosert und Schirmbeck 2007, S. 280). Stattdessen zeigt sich Internalisierung als Prozess, bei dem die Hinterfragung immer möglich bleibt, Agency also auch in dieser Phase nicht verschwindet. Zumal bei Akteuren unterschiedliche Internalisierungsgrade vorliegen und nicht gänzlich überzeugte "norm challenger" bei entsprechender Gelegenheit auch Normen wieder infrage stellen. Im Nachklang von 9/11 ergab sich ein solches Gelegenheitsfenster, das von Akteuren genutzt wurde, um im Fall des Foltertabus eine Erosionskaskade in Gang zu setzen, bei der immer mehr Akteure die Absolutheit des Tabus infrage stellten und somit zur Schwächung der Norm beitrugen (Rosert und Schirmbeck 2007, S. 281).

Angesichts solcher Normerosion stellt sich grundsätzlich die Frage, warum anerkannte Normen ihren präskriptiven Status verlieren. Wie Forschung zu Normersetzung oder Normtod verdeutlicht, wurde diese Frage kaum systematisch bearbeitet, weil Normen eine kontrafaktische Geltung besitzen, also eine Nicht-Einhaltung per Definition die prinzipielle Angemessenheit von Normen nicht in Abrede stellen muss. Um dennoch zu erklären, warum und unter welchen Bedingungen etablierte Normen verschwinden, unterscheidet Forschung zwischen rapiden und inkrementellen Erosionsdynamiken, bei denen auf den Normverfall eine Normersetzung folgen kann oder nicht. So gelten Normbrüche als Ausgangspunkt eines möglichen Normverfalls, bei dem aber Faktoren wie die Präzision der Normen, die Stabilität des normativ-politischen Umfelds sowie das Vorhandensein von konkurrierenden Normen zentral für die Normdynamik sind (Panke und Petersohn 2012, S. 720): Folgt auf die Nicht-Einhaltung der Norm keine Sanktion, werden Staaten also nicht öffentlich gerügt oder bestraft, dann steigt die Gefahr, dass sich weitere Staaten dem Verhalten anschließen und eine Kaskade der Nicht-Befolgung einsetzt, die bis zum Verschwinden der Norm führen kann (Panke und Petersohn 2012, S. 721–722). Beeinflusst wird nun diese Verfallsdynamik durch weitere Bedingungen: So verändert die Präzision der Normen das Verfallsrisiko, weil präzise Normen rapider verfallen, während diffuse Normen eher graduellen, inkrementellen Verfall erfahren. Relevant ist zudem das Umfeld, weil normativer, politischer, aber auch technologischer Wandel den Druck auf Normen steigert, wohingegen ein stabiles Umfeld bestehende Normen festigt. Somit ergeben sich unterschiedliche Wahrscheinlichkeiten für den Erfolg von normschwächenden Akteuren. Zugleich hängt die Frage, ob eine Norm „stirbt" oder ersetzt wird, maßgeblich vom Vorhandensein konkurrierender Normen ab, die zur weiteren Schwächung bzw. Ersetzung genutzt werden können (Panke und Petersohn 2012, S. 722–725). An drei Fällen, in denen Staaten sich zunehmend nicht mehr um die Einhaltung bemühten, die anderen Faktoren aber variieren, lassen sich diese Annahmen überprüfen und schließlich bestätigen: die Norm gegen eine uneingeschränkte Kriegsführung mit

U-Booten, die Anti-Söldner-Norm sowie die Nicht-Interventionsnorm. Obgleich ab 1930 eine universelle wie präzise Norm entstand, die U-Boote in der Kriegsführung an konkrete Regeln band, schmälerte sich deren Reichweite, weil einzelne Großmächte nie Teil der Verregelung waren und weitere Staaten anders gelagerte bilaterale Abkommen schlossen. Mit dem Beginn des Zweiten Weltkrieges veränderte sich das normative Umfeld rapide, die Norm verschwand und wurde nicht ersetzt (Panke und Petersohn 2012, S. 726–728). Auch der zweite Fall – die Anti-Söldner-Norm – stützt die Überlegungen: Zwar ist die Norm im Völkerrecht schon lange verankert, allerdings erschien sie nicht präzise, sondern zeigt bereits bei der Definition von Söldnern eine Vielzahl von Ausnahmen. In diesem Fall konterkarierten Akteure die Norm, indem sie zunehmend private Sicherheitsunternehmen mit Aufgaben beauftragten, die in Teilen eigentlich der Anti-Söldner-Norm unterlagen. Allerdings war das normative Umfeld stabil, da kein Staat die Norm an sich infrage stellte. Infolgedessen vollzog sich eine Normanpassung, indem zwischen offensiven und defensiven Aufgaben solcher Unternehmen unterschieden wurde. Dies führte zwar zu einer inkrementellen Schwächung der Norm, weil ihr Regelungsbereich schmaler wurde, sie wurde aber nicht durch eine konkurrierende Norm ersetzt (Panke und Petersohn 2012, S. 729–731). Schließlich ist die Norm gegen gewaltsame Intervention in der UN-Charta verankert und erscheint präzise, wobei durch Ausnahmen (Selbstverteidigung, kollektive Maßnahmen, Reaktion auf Feindstaaten) und deren Interpretationsbreite eine gewisse Varianz entsteht. Zugleich unterliegt das normative Umfeld nur langsamem Wandel. Allerdings intensivierte sich während der 1990er-Jahre die Debatte um die Verantwortung der UN, Massengräueltaten zu verhindern und humanitär zu intervenieren, wodurch letztlich mit der R2P ein konkurrierender Angemessenheitsstandard zunehmend etabliert wird. Folglich hat sich die Norm gegen gewaltsame Intervention inkrementell verändert: Ihr Anwendungsbereich hat sich verkleinert.

3.4 Alternative Modelle als Kritik linearer Diffusion von stabilen Normen

Während die vorangegangenen Ansätze eher auf der Mesoebene einzelne Phasen oder Prozesse neu beschreiben, verstehen sich die nun folgenden Arbeiten als alternative Makro-Modelle, die sich an klassischen Diffusionsperspektiven abarbeiten und dabei nicht nur deren lineare Abläufe, sondern auch die Annahme stabiler Normen grundsätzlich hinterfragen. Stattdessen werden Normdynamiken als multidirektionale Prozesse verstanden, was bedeutet, dass sich konzeptionell getrennte Phasen in der Praxis auch überlappen können und Interaktionen durchaus Rückwirkungen auf die Bedeutung von Normen haben können. Dieses „Mehr" an Dynamik leitet die folgenden Modelle an, die Normenwandel als Kreislauf, Normen als Prozesse oder alternative Enden in Normdynamiken konzeptualisieren.

Ausgehend von der Beobachtung, dass Spannungen innerhalb normativer Systeme allgegenwärtig sind, schlägt Wayne Sandholtz (2008) zur Analyse von Normdynamiken einen alternativen Kreislauf des Normwandels ("cycle of normative change") vor. Weil diese Spannungen sowohl zwischen Normen und Verhalten als auch zwischen verschiedenen Normen existieren, muss Normentwicklung als fortlaufender Prozess und ständige Dynamik verstanden werden, die sich über vier Phasen entwickelt: In der ersten Phase sind Normen die kollektive Grundlage des Handelns. Selbst rationale Akteure berücksichtigen Normen und beziehen sie in ihre Kalkulationen bei der Wahl von Handlungen ein (Sandholtz 2008, S. 105). Vor diesem Hintergrund treten in der zweiten Phase jedoch normative Streitigkeiten auf, weil Normen nie jeden Fall abdecken und zudem untereinander in Widerspruch geraten können. Somit sind normative Zonen der Uneindeutigkeit ("zones of ambiguity") unvermeidbar (Sandholtz 2008, S. 106). Folglich ist die dritte Phase vom argumentativen Streit um die (neue) Deutung der Norm geprägt. Wie die Rechtswissenschaft zeigt, bemühen sich in dieser Phase die Akteure darum, Argumente vorzubringen, die konsistent mit früherem Vorgehen sind oder Analogien und Präzedenzfälle nutzen, um den Bogen zwischen Vergangenheit und Zukunft zu spannen. Wichtig ist es, möglichst überzeugende Argumente zu finden, um die individuelle Normdeutung kollektiv zu verankern. Die Forschung benennt für erfolgreiche normative Überzeugung in dieser dritten Phase drei Kriterien: Normative Argumente sollten von mehreren mächtigen Staaten unterstützt werden, sie sollten mit akzeptierten Normen weitgehend vereinbar sein und sie sollten sich auf mehr und neuere Präzedenzfälle beziehen als die Argumentation der Gegenseite (Sandholtz 2008, S. 107–109). Schließlich folgen in der vierten Phase eine Veränderung der Norm sowie eine vorläufige Einstellung des normativen Streits, weil die Friktionen zwischen Normen und Verhalten bzw. zwischen verschiedenen Normen weitgehend abgestellt wurden. Somit ist der Kreislauf beendet. Insgesamt verdeutlicht das Modell, dass Normen nicht vorrangig auf abstrakten normativen Vorstellungen basieren, sondern sich aus Umstrittenheit in der politischen Praxis speisen. Zugleich wird so der zyklische Charakter von Normdynamiken unterstrichen, bei denen ein vorangegangener Kreislauf und seine Ergebnisse die zukünftigen Prozesse vorstrukturieren.

Hier setzen auch Ansätze an, die Normen als Prozesse interner und externer Dynamiken begreifen und an klassischen Diffusionsperspektiven kritisieren, dass diese den Norminhalt statisch betrachten und generell Dynamik nur innerhalb ihrer Modelle erwarten (Krook und True 2010, S. 106–109). Dieser Annahme von „norms as things" wird eine Perspektive entgegengesetzt, in der „norms as processes" verstanden werden, die eine grundsätzliche Umstrittenheit und Ambiguität auszeichne. Konkret unterscheiden sie für die Analyse zwischen internen und externen Dynamiken von Normen. Dabei zeigt sich die interne Dynamik in den Debatten über die Normbedeutung: So diffundierten Menschenrechtsnormen nicht nur über Zeit, sondern erfuhren auch zusätzliche Bedeutungen, weil Akteure sie auf damals neue Aspekte wie ein Recht auf Zugang zu Wasser oder zu Medikamenten erweiterten. Zudem zeigt das Beispiel des Walfangs, dass normative Ambiguität zwar zu weiterer Normdiffusion führen kann, aber eine entsprechende Verhaltensanpassung ausbleibt, wenn relevante Akteur*innen wie die weiterhin Walfang betreibenden Staaten die Interpretationen der Normbedeutung als absolutes Verbot nicht teilen (Krook und True 2010, S. 109–110). Externe Dynamiken speisen sich hingegen aus den normativen Kontexten, in die einzelne Normen durch Normunternehmer*innen oder Normadressat*innen eingeführt werden. Das Framing neuer Angemessenheitsstandards verweist stets auf bestimmte Kontexte und blendet Alternativen aus: So wurde die Landminenthematik als Frage des humanitären Völkerrechts und nicht der Rüstungskontrolle gerahmt, die Rekrutierung von Kindersoldat*innen als humanitäres Problem angesprochen und nicht als eines von Kinderarbeit. Nicht zuletzt lassen sich diese Dynamiken über die Interaktionen zwischen zwei Gendernormen – "gender balanced decision making" und "gender mainstreaming" – verdeutlichen: Interne Dynamiken führten dazu, dass international kontrovers diskutiert wurde, welche Frauen angesichts von sozio-ökonomischen, ethnischen

3 Von Modellen und alternativen Prozessen: ...

oder identitätspolitischen Unterschieden eigentlich jeweils adressiert werden und in welchen Entscheidungssituationen welche Norm angewandt werden müsse. Externe Dynamiken bestehen bereits zwischen den beiden Normen, die zwar mit Gleichstellung ein gemeinsames Ziel formulieren, aber dennoch unterschiedliche Grundannahmen haben und verschiedene Strategien nutzen (Krook und True 2010, S. 112–116). Als Folge kam es zu Konkurrenz und Verwechslungen zwischen den Normen, die einander untergeordnet oder auf die Gemeinsamkeiten reduziert wurden. Insgesamt verweist eine prozedurale Perspektive vor allem auf kontinuierliche Anpassungen und Re-Interpretationen von Normen, auf ihre Dynamik und Resilienz gleichermaßen (Krook und True 2010, S. 118–122). Somit möchte der Ansatz die Normenforschung für die empirischen Dynamiken zwischen Normen, aber auch für die Dynamiken von Normbedeutungen sensibilisieren.

Diese Entwicklungen aufgreifend stellt eine alternative Typologie von Normenden jenseits der Internalisierung eine Vier-Felder-Tafel vor, die die Konzeptionalisierung von grundsätzlichen Rahmungen ("frames") und situationsspezifischen Handlungen ("claims") sowie deren jeweiliger Akzeptanz oder jeweiligen Widerspruch nutzt, um unterschiedliche Ergebnisse der Normanfechtung zu systematisieren (Stimmer 2019). Wie bereits deutlich wurde, bewerten Ansätze in der Normenforschung die Stabilität von Normen unterschiedlich: Während im Kaskaden- oder Spiralmodell internationale Normen und ihre Bedeutung fixiert sind, begreifen sie andere Studien als dynamisch, weil ihre Bedeutung in der konkreten Situation durch Diskussions- und Interpretationsprozesse geklärt werden muss (Stimmer 2019, S. 271–272). Hier setzt die Typologie an: Um die rhetorischen Prozesse hinter diskursiven Anfechtungen zu verstehen, unterscheidet sie zwischen "frames" als dem grundsätzlichen normativen Argument, das zur

Tab. 3.3 Ergebnisse von Kontestation in Normdynamiken. (Stimmer 2019, S. 272)

	Frame agreement	Frame disagreement
Claim agreement	Norm clarification	Norm neglect
Claim disagreement	Norm recognition	Norm impasse

Rechtfertigung für Handeln genutzt wird, und den "claims" als normativen Handlungen, die sich aus dem "frame" ergeben. Wie Tab. 3.3 verdeutlicht, werden die Phänomene in Relation zueinander gesetzt, wodurch sich unterschiedliche Effekte aus den Anfechtungen ergeben (Stimmer 2019, S. 272): Wenn "frame" und "claim" von den beteiligten Akteuren geteilt werden, erfährt die Norm eine Klärung ("norm clarification"), weil über die Einigkeit deutlich wird, was die Norm inhaltlich umfasst und in welchen Situationen sie angewendet werden kann. Das Beispiel der R2P bietet sich an, um dies zu illustrieren: Durch Versuche, ihren Gegenstandsbereich auszudehnen, ist eine Debatte in Gang gekommen, in deren Verlauf sich eine klare Verbindung zwischen Norm und Situation etablieren konnte, wodurch die R2P eindeutiger als zuvor erscheint. Eine solche Klärung hat Folgen für die Zukunft einer Norm, weil sie normative Erwartungen diskursiv festsetzt (Stimmer 2019, S. 273–274). Als Normsackgasse ("norm impasse") wird eine Situation verstanden, in der es bei den relevanten Akteuren Unstimmigkeit zu "frame" und "claim" gibt. Hier ist also umstritten, welche Bedeutung die Norm hat und ob sie im spezifischen Fall angewandt werden soll. Das Beispiel von Referenden in der 2014 von Russland annektierten Krim verdeutlicht diese Dynamik: Um über die Zustimmung der dortigen Bevölkerung das eigene Handeln rechtfertigen zu können, führte Russland mit dem Verweis auf gängige Praxis ein Referendum auf der Krim durch. Allerdings zeigte die internationale Reaktion auf dieses Vorgehen, dass die Norm des Selbstbestimmungsrechts der Völker unterschiedlich interpretiert wird und in einem Spannungsfeld zur Norm der territorialen Integrität von Staaten steht. Somit wurden "frame" und auch der abgeleitete "claim" angefochten, weshalb sich die Norm der Selbstbestimmung in einer politischen Sackgasse befindet, die ihre normative Wirkung schmälert (Stimmer 2019, S. 274–275). Jenseits dieser Extrempole, in denen "frame" und "claim" entweder geteilt oder nicht geteilt werden, können noch zwei Mischformen beobachtet werden: Wird der "frame" anerkannt, aber der "claim" nicht, kann aus der Diskussion eine Normanerkennung ("norm recognition") folgen. Da aber noch Uneinigkeit bezüglich der "claims" – ist die praktische Folgerung aus der Norm akzeptabel – vorliegt, ist die Stärkung der Norm in diesen Fällen durchweg geringer als in der oben beschriebenen Normklärung. Illustriert werden kann die Normanerkennung etwa durch die bestehende Einigkeit des UN-Sicherheitsrates, dass Massenvernichtungswaffen eine Bedrohung des Friedens darstellen, während fortwährend strittig bleibt, welche politischen Maßnahmen der Rat diesbezüglich ergreifen soll (Stimmer 2019, S. 275). Schließlich entsteht in der Normvernachlässigung ("norm neglect") eine Konstellation, in der der "frame" nicht geteilt wird, aber in der Situationsdeutung eine Übereinstimmung vorliegt. In solchen Fällen wird auf das zu bearbeitende Problem hingewiesen, das ausnahmsweise eine Reaktion erfordere, die einer Normanerkennung ähnelt, aber de facto keine ist. So einigte sich der UN-Sicherheitsrat im Fall des Bürgerkrieges in Libyen 2011 auf eine Intervention, die einige als Umsetzung der R2P sahen, andere Staaten dies aber zurückwiesen und auf die Spezifika dieses Einzelfalls abhoben (Stimmer 2019, S. 275–276). In Summe bündelt die Typologie somit Ergebnisse vorangegangener Studien zu Normdynamiken, die eben nicht in einer Internalisierung münden, und kann als Heuristik für empirische Forschung dienen, aber auch zur konzeptionellen Reflexion von

(Nicht-)Übereinstimmungen bezüglich "frames" und "claims" genutzt werden.

3.5 Fazit

Wie das Kapitel verdeutlich hat, sind das Kaskaden- und das Spiralmodell zentral für die Etablierung des Konstruktivismus in den IB und im Rückblick die Grundsteinlegung für das, was heute Normenforschung heißt. Nicht zuletzt hat dieser erste "move" im Sinne einer Schwerpunktsetzung (Orchard und Wiener 2024) den empirischen Beweis geliefert, dass Normen eigene Effekte haben und diese für internationale Politik relevant sind. Zugleich wurden grundlegende Konzeptionen entwickelt, die auch die ersten drei Wirkungspfade innerhalb der Forschung etablierten. Allerdings hat sich anschließende Forschung von den Annahmen des Kaskaden- und des Spiralmodells abgegrenzt und stattdessen empirisch wie konzeptionell unterstrichen, dass Normdynamiken nicht als lineare Diffusion verstanden werden können: Anstelle eines mehr oder minder eindeutigen Phasenablaufs zeigen die referierten Beobachtungen eine Vielzahl alternativer Prozesse mit Implikationen für die Konzeptualisierungen von Normen und die Handlungsmacht von Akteuren. Dabei ging es nicht vorrangig darum, neue Wirkungspfade zu konzeptualisieren, sondern anhand der Empirie aufzuzeigen, dass es mehr Varianz bei Prozessen, Entwicklungen und Akteurshandeln gibt als die grundlegenden Modelle angenommen haben.

Tab. 3.4 fasst diese Ausdifferenzierung wie folgt zusammen: Normentstehung, Normdiffusion und Norminternalisierung leiten sich aus dem Kaskadenmodell ab, die Konzepte in den jeweiligen Spalten kennzeichnen die vorgestellten Alternativvorschläge. Hilfreich ist dabei auch die Unterscheidung von analytischen Ebenen, auf denen diese

Tab. 3.4 Alternative Entwicklungen zum Kaskadenmodell. (Quelle: Eigene Darstellung)

Normentstehung	**Normdiffusion**	**Norminternalisierung**
Normunternehmer*innen machen einen neuen Vorschlag angemessenen Verhaltens hinsichtlich eines Problems (Finnemore und Sikkink 1998; Wunderlich 2018)	Akteur*innen lassen sich überzeugen, übernehmen den Vorschlag und bringen über Sozialisationsprozesse eine Normkaskade in Gang (Finnemore und Sikkink 1998; Risse et al. 1999; Liese 2006)	Normen werden institutionalisiert und gehen über nationale Internalisierung in kollektive wie individuelle Routinen ein (Finnemore und Sikkink 1998; Risse et al. 2013)
Norm-Nichtentstehung	**Normlokalisierung**	**Normsackgasse/-polarisierung**
Der neue normative Vorschlag verfängt nicht auf der Agenda internationaler Akteure, wird nicht salient oder durch erfolgreichere Normentstehungen blockiert (Rosert 2019a, b, c)	„Lokale" Akteure kritisieren die globale Norm und passen sie an lokale Bedingungen an (Acharya 2004)	Keinem Akteur in Normdynamiken gelingt es, sich mit normativen Vorstellungen durchzusetzen (Bailey 2008; Symons und Altman 2015)
Normentstehungshindernisse	**Normübersetzung/-translation**	**Normerosion/-verfall**
Normunternehmer*innen adressieren mit ihren Frames die falschen Gatekeeper oder diskutieren in ungeeigneten internationalen Foren (Carpenter 2011; Coleman 2011)	Globale Normen werden lokal übersetzt und verändern sich dabei, teils mit Rückwirkungen für die globale Norm (Berger 2017; Zimmermann 2017a; Zwingel 2012)	Normgegner*innen weichen die Norm auf oder lassen sie durch Nichtbeachtung verfallen (Rosert und Schirmbeck 2007; Panke und Petersohn 2012)
	Normsubsidiarität	**Normtod/-ersetzung**
	Akteure aus dem Globalen Süden lehnen globale Normen ab und setzen westlich wahrgenommenen Normen subsidiäre Alternativen entgegen (Acharya 2011)	Kritische Akteure werden zu alternativen Normunternehmer*innen und ersetzen die Norm (Panke und Petersohn 2012; Sandholtz 2019)

Ansätze argumentieren: Während das Kaskaden- oder Spiralmodell globale Normdynamiken als Ganzes und damit die Makroebene in den Blick nehmen, verbleiben alternative Konzeptionen zumeist auf einer Mesoebene, weil sie einzelne Episoden, Phasen oder Phänomene thematisieren (Rosert 2019a, S. 1105). Erst die Ansätze zu Normen als Prozessen im letzten Textteil bewegen sich wieder auf der Makroebene und diskutieren konzeptionelle Alternativen, die viele Aspekte des vierten, agonalen Wirkungspfades umreißen.

Insgesamt verweisen viele der vorgestellten Ansätze implizit oder explizit darauf, dass die Vorstellung zu kurz greift, Normen seien eine Essenz, die transportiert werden könne – etwa innerhalb einer Diffusionsdynamik von der globalen auf die lokale Ebene. Stattdessen wird argumentiert, dass Normen als Prozesse, Relationen oder Interaktion gedacht werden müssen, deren Bedeutung sich durch eben genau diese Dynamiken selbst verändert. Den Hintergrund dieser Reformulierung bilden zwar empirische Beobachtungen wie die Lokalisierung oder die Erosion, aber die konzeptionellen Implikationen schließen auch an bereits thematisierte Debatten an: Ein sich selbst als kritisch wahrnehmender Konstruktivismus möchte das Verhältnis von Strukturen und Akteur*innen nicht einseitig auflösen, sondern geht von einer doppelten Qualität des Sozialen aus, in der Normen sowohl strukturieren als auch strukturiert werden. Somit sind Normen immer "in use", werden also situativ in der politischen Interaktion praktisch angewendet oder rhetorisch genutzt.

Zudem gehen die hier versammelten Ansätze davon aus, dass die Handlungsmacht von Akteuren in allen Phasen und Prozessen von Normdynamiken relevant ist. Deshalb wird sich auch Kap. 5 ausführlich mit den verschiedenen Rollenkonzeptionen und Akteurstypen beschäftigen. Aber bereits hier sei darauf verwiesen, dass – anders als in den klassischen Modellen zu Beginn des Kapitels – den Akteuren in den oben referierten Studien nicht jeweils eine eindeutige Rolle zugewiesen wird, etwa Normunternehmer*innen als aktive "norm maker" gelten, während Normadressat*innen eher passive "norm taker" darstellen. Im Gegenteil: Die diversen Ansätze haben ein sehr reiches Bild von Handlungsmacht gezeigt, indem z. B. unterschiedliche Akteure internationale Normen lokalisieren, übersetzen, kritisieren, ablehnen oder sterben lassen.

Schließlich sollte noch angesprochen werden, dass nach der Lektüre dieses Kapitels bei Leser*innen ob der Vielzahl von konzeptionellen Vorschlägen kurzzeitige Frustration entstanden sein könnte. Allerdings lassen sich die Breite der vorgestellten Ansätze und die Intensivität der Diskussionen auch gleichermaßen positiv und normal für Forschung deuten: Einerseits zeigt sich hier wissenschaftlicher Alltag, in dem auf Etappen einer gewissen Kanonisierung wieder Phasen folgen, in denen etablierte Wissensbestände hinterfragt werden müssen, um neue empirische Entwicklungen analysieren zu können. Andererseits belegt das Spektrum der gemachten Vorschläge auch den Wunsch von Normenforscher*innen, möglichst exakt systematische Ergebnisse zu produzieren.

4

Von Legitimität und Robustheit: Macht und Kontestation in Normdynamiken

Was können Sie mitnehmen?
- *Illustration der Anfechtung und Kritik von internationalen Normen am Beispiel der R2P*
- *Einführung in die Erforschung von Kontestation als regelmäßig auftretende Anfechtung von Normen*
- *Unterscheidung von Kontestationsforschungen, bei denen die eine untersucht, wann Anfechtung die Normrobustheit beeinträchtigt, und die andere analysiert, wie Anfechtung die Legitimität von Normen steigern kann*
- *Einführung in Ansätze, die Normen als machtvolles Instrument bestehender Interessen und Normenforschung als weitgehend desinteressiert an diesen Machteinschreibungen diskutieren*
- *Diskussion und Zusammenfassung der Ergebnisse*

Mit der Responsibility to Protect (R2P) wurde 2005 eine Norm durch die UN-Mitglieder anerkannt, die eine Lücke im Instrumentarium der UN schließen wollte, welche in den 1990er-Jahren mit den Bürgerkriegen in Somalia und Bosnien, dem Völkermord in Ruanda oder dem Kosovo-

Krieg deutlich wurde: Die internationale Gemeinschaft hat eine Verantwortung, systematische Massengräueltaten wie Völkermord oder ethnische Säuberungen zu verhindern, auch unter den Bedingungen nationalstaatlicher Souveränität (Bellamy 2009; Evans 2008). Die Implementierung der Norm gestaltete sich komplex, wurde aber durch die Rhetorik von drei Säulen operationalisiert, auf denen die R2P fußt. Während es bei der ersten Säule vor allem um die einzelstaatliche Verantwortung von Staaten geht, ihre Bürger*innen zu schützen, verweist die zweite Säule auf die Verantwortung der internationalen Gemeinschaft, Staaten bei ihrer Verantwortung zu unterstützen. Die dritte Säule stellt die schwierigste Verantwortung in den Mittelpunkt: Angesichts von Massengräueltaten soll die internationale Gemeinschaft, letztlich der UN-Sicherheitsrat, zeitnah und entschlossen reagieren, wobei auch kollektive Maßnahmen im Sinne der UN-Charta in Einzelfällen nicht ausgeschlossen sind (Welsh 2014). Obgleich die R2P als Norm viele Phasen klassischer Modelle anscheinend durchlaufen hat, lassen sich dennoch überzeugende Gründe finden, sie als gescheitert zu bezeichnen: Trotz rhetorischer Unterstützung wird sie praktisch kaum umgesetzt und in den wenigen Fällen, wo sie zur Begründung von Handeln genutzt wurde, folgte prompte Kritik am Vorgehen der Akteure und der Norm selbst (Labonte 2016; Welsh 2019). Somit stellen sich aus einer klassischen Perspektive der Normenforschung viele Fragen, die die Studien des letzten Kapitels mit ihrem Fokus auf Dynamik und Alternativen zur Diffusion erneut unterstrichen haben: Ist die R2P tatsächlich eine Norm, obwohl ihre Umsetzung oftmals ausbleibt und ihr Inhalt zudem vielfach kritisiert wird?

Die folgenden Ansätze können dabei helfen, Antworten zu finden, weil sie das Spektrum der Kritik ordnen und deren Konsequenzen diskutieren. Zunächst muss dazu ermittelt werden, worauf sich die Anfechtungen und Infragestellungen der R2P eigentlich beziehen. Als komplexe Norm, die fundamentale Aspekte der internationalen Politik wie Souveränität, Menschenrechte oder das allgemeine Gewaltverbot berührt, lädt sie zu sehr unterschiedlichen Bedeutungszuschreibungen ein und auch ihr Regelungsbereich erfährt grundsätzlich wie situativ Kritik. So steht regelmäßig zur Debatte, welche Massengräueltaten die R2P konkret verhindern soll, wann eine politische Situation tatsächlich ein Fall für die Anwendung der R2P ist oder wer dies entscheidet und anschließend welche Handlungen autorisieren darf. Während diese Überlegungen eher die mangelnde Eindeutigkeit der Norm verdeutlichen, wird durch sie noch nicht infrage gestellt, ob die R2P überhaupt in der globalen Politik gelten soll. Solche Fundamentalkritik würde in der Tat an ihrem Status als Angemessenheitsstandard kratzen und über Zeit dazu führen, dass die Orientierungswirkung der R2P als Norm bezüglich Normalität und Normativität abnimmt. Aber auch eine grundsätzliche Infragestellung nutzt Argumente, die normtheoretisch ausgewertet werden können. Jenseits eher formaler Anfechtung ist die R2P auch vielfach einer massiven inhaltlichen Kritik ausgesetzt, die auch noch einmal unterstreicht, dass Normen keinesfalls apolitische Phänomene sind, sondern im Gegenteil stets die normativen Vorstellungen bestimmter Akteure inkorporieren. Aus dem Globalen Süden wird die R2P oft dafür kritisiert, dass sie das belastete Instrument der humanitären Intervention perpetuiert. Zudem erfahren überhaupt nur Situationen jenseits des Globalen Nordens eine Bearbeitung im Sinne der R2P, weshalb sie als vermeintlich neokoloniale Norm einen überwunden geglaubten Paternalismus wiederbelebt, der davon ausgeht, dass Regierungen im Globalen Süden nicht in der Lage oder willens seien, ihre Bevölkerung zu schützen. Zugleich wird die Doppelmoral westlicher Regierungen beklagt und vor den Gefahren eines Missbrauchs der R2P durch Großmächte gewarnt.

Aus Sicht der Ansätze, die in den nächsten Seiten im Mittelpunkt stehen, zeigt sich anhand des Beispiels nicht nur die generelle Umstrittenheit von Normbedeutungen, sondern auch, dass Normen in der Praxis regelmäßig und explizit infrage gestellt werden. Zugleich werden die Machteinschreibungen von Normen deutlich, die sich über die Annahme ihrer Normalität und Normativität als quasi-universell zeigen. Ähnlich den bereits vorgestellten Ansätzen, begreifen die folgenden Zugänge zu Robustheit, Legitimität und Machteffekten globale Normdynamiken nicht als einen linear gedachten oder zielgerichtet ablaufenden Prozess, sondern als politische Interaktionen, die auch zu Anfechtungen und Kritik an Normen führen können. Sie nehmen die Debatte um die Charakteristika von Normen auf, indem sie Normen entweder als ein in seiner Bedeutung nur temporär fixierbares Phänomen wahrnehmen oder von einer starken Bedeutungsaufladung von Normen und deren machtvollen Effekten ausgehen. Dabei teilen die folgenden drei Zugänge, dass sie das Politische in Normdynamiken sichtbar machen, das sich in sozialen Praktiken, in öffentlichen Debatten oder in normativen Ordnungen verbirgt. Entscheidend ist die Einsicht, dass Normen und ihre Bedeutung allein in politischen Auseinandersetzungen fixiert werden und damit ihre Diffusion und Effekte weder vorbestimmt noch alternativlos sind, sondern spezifische Interessen, Vorstellungen und Argumente repräsentieren, die nicht zwingend universell sein müssen. Allerdings gibt es auch Unterschiede zwischen den Perspektiven: Während die zunächst vorgestellte Forschung zur Normrobustheit einem deliberativen Wirkungspfad folgt, argumentieren die Kontestationsforschung zur Normlegitimität sowie die machtkritische Normenforschung über einen agonalen Wirkungspfad. Dabei weitet insbesondere die letzte Perspektive ihre Kritik aus und thematisiert Normen, aber auch die Art und Weise, wie Normenforschung betrieben wird, als Reproduktion problematischer Verhältnisse.

4.1 Kontestation, Robustheit und Legitimität

In den beiden folgenden Perspektiven der Forschung zu Normkontestation bildet die Frage nach den Effekten von Normanfechtung den Ausgangspunkt. Dabei hat sich eine grundlegende Definition durchgesetzt, die Kontestation als „a social practice of objecting to or engaging with norms" begreift (Wiener 2018, S. 2). Ausgehend von dieser Definition hat die Forschung sowohl Kontestationsformen unterschieden (Wiener 2014, 2018; Deitelhoff und Zimmermann 2020) als auch auf den Unterschied zwischen Anfechtung im Handeln und in der Rhetorik hingewiesen (Stimmer und Wisken 2019; Deitelhoff und Zimmermann 2019). Insgesamt wurde dabei ein Verständnis etabliert, dass Kontestation grundsätzlich als neutral und die Effekte von Kontestation von ihrer jeweiligen Form abhängig versteht (Orchard und Wiener 2024, S. 11, 14). Ob die Anfechtung problematisch oder produktiv für Normen ist, muss also empirisch geprüft und zugleich konzeptionell reflektiert werden. Die folgende Vorstellung der Ansätze geht nicht chronologisch vor, sondern zieht die Forschung zu Normrobustheit nach vorn, obgleich die Grundlegung der Forschung zu Normkontestation bereits in den 2000er-Jahren stattfand (Wiener 2007a, b, 2014). Um aber eine bessere Nachvollziehbarkeit zu gewährleisten, soll zunächst an die Debatten des letzten Kapitels zu Normerosion und Normtod angeschlossen werden, indem die Normrobustheitsforschung mit ihrem deliberativ angelegten Wirkungspfad referiert wird. Dagegen argumentiert die Forschung zu Legitimität mit einer agonalen Erklärung und bildet so den Übergang zur explizit machtkritischen Normenforschung, die die Bedeutung von Konflikten und Dissens noch stärker akzentuiert.

4.1.1 Normrobustheit zwischen Anwendungs- und Geltungskontestation

Die Forschung zu Normrobustheit setzt konkret bei der Frage an, was die Auswirkungen von Kontestation als diskursiver Praktik im Streit über die Bedeutung einer Norm sind (Deitelhoff und Zimmermann 2020, S. 52). Insgesamt geht es also darum, ob und wie es umstrittenen Normen gelingt, bei Akteuren dennoch eine gewisse Orientierung und Folgebereitschaft zu generieren. Damit schließt das Erkenntnisinteresse an die bereits vorgestellten Studien zu Prozessen der Normerosion oder des Normsterbens an (siehe Kap. 3), indem gefragt wird, ab wann angefochtene Normen in eine negative Spirale der Abwertung und damit Schwächung geraten. Innerhalb der Literatur lassen sich dazu prinzipiell zwei Lesarten von Kontestationseffekten unterscheiden (Deitelhoff und Zimmermann 2020, S. 54–56): Dabei argumentiert die eine Richtung, dass Kontestation negative Folgen für Normen habe, weil sie als Infragestellung oder gar Nichteinhaltung den Beginn einer sich entwickelnden Normerosion darstellt. Die andere Perspektive begreift Kontestation hingegen als potenzielle Stärkung für Normen, weil in der Interaktion deren Legitimität gesteigert werden kann, wobei auch hier ein „Zuviel" an Kontestation zu einer Schwächung beitragen könnte. Angesichts dieser unterschiedlichen Einschätzungen ergeben sich zwei fundamentale Fragen für die empirische Normenforschung (Deitelhoff und Zimmermann 2019, S. 6): Wenn Kontestation tatsächlich schädlich für Normen ist, weshalb sehen wir dann weitaus mehr Kontestation als tatsächliche Normerosion? Und umgekehrt: Wenn Kontestation bis zu einem bestimmten Maß hilfreich für die Normeinhaltung sein kann, wo liegt dann der Grenzwert, den die Kontestationspraxis nicht überschreiten sollte? Es gilt also zu klären, unter welchen Bedingungen Kontestation zur Stärkung oder zur Schwächung von Normen beiträgt. Um dies empirisch wie konzeptionell zu bewerkstelligen, werden Kontestationspraktiken in Relation zu Normrobustheit gesetzt. Letztere wird dabei über das Zusammenspiel von Faktizität und Geltung definiert, sie besitzt also eine praktische wie auch eine ideelle Grundlage. Folglich ist die Robustheit einer Norm hoch, wenn sie weithin akzeptiert ist und das Handeln der Akteure anleitet (Deitelhoff und Zimmermann 2019, S. 3, 2020, S. 53).

Obgleich die Normenforschung unterschiedliche Beschreibungen und Typologien der Erscheinungsformen von Kontestation vorgelegt hat (Wiener 2014), blieb aber die Beschäftigung mit der Frage aus, wie unterschiedliche Kontestationsformen auf die Normrobustheit wirken. Um genau diese Auslassungen zu adressieren, wird in der Forschung zur Normrobustheit die Unterscheidung zwischen Anwendungs- und Geltungsdiskursen in den Schriften zu Demokratie, Recht und Normativität von Jürgen Habermas und Klaus Günther fruchtbar gemacht (Deitelhoff und Zimmermann 2020, S. 56–58). Dabei ist die sogenannte Geltungskontestation die radikalere Form der Anfechtung von Normen, weil sie deren Angemessenheit infrage stellt und hinterfragt, ob eine Norm den moralischen Überzeugungen der Akteure entspricht und daher grundsätzliche Priorität beanspruchen kann. Somit stellt Geltungskontestation die gesamte Norm zur Disposition. Anders verhält es sich bei der Anwendungskontestation, die im Vergleich wesentlich weniger prinzipiell argumentiert: Nicht die Norm an sich steht in der Kritik, sondern es wird kontestiert, dass in der spezifischen Situation ein Fall vorliegt, bei dem die Norm angewandt werden darf oder soll. Diese Form der Kontestation ist in unterschiedlichem Grad bei Normen erwartbar, wobei eindeutige Normen weniger Anwendungskontestation hervorrufen werden als uneindeutige und Normen, die positive Pflichten kommunizieren, stärker zu Anwendungskontestation einladen als negative Pflichten, also das reine Unterlassen von Handlungen (Deitelhoff und Zimmermann 2020, S. 57). Insgesamt zeigt sich aber, dass nur Geltungskontestation die Norm eindeutig schwächt. Bei Anwendungskontestation steht hingegen zu vermuten, dass sie die entsprechende Norm sogar stärkt, weil ihr Geltungsbereich durch die Kontestation klarer konturiert wird. Allerdings darf Anwendungskontestation nicht dauerhaft werden, da sie sonst ebenfalls eine normschwächende Wirkung entfalten kann.

Um in empirischen Analysen die beiden Kontestationsformen unterscheiden zu können, schlägt die Forschung zu Normrobustheit vor, für jede zu untersuchende Norm einen Normenkern zu definieren ("norm core"), der die grundlegenden normativen Verpflichtungen umreißt, die in entsprechenden Verträgen oder Resolutionen festgehalten sind (Deitelhoff und Zimmermann 2020, S. 59). Während Anwendungskontestation diesen Kern nicht berührt, weil sie die konkrete Situation und nicht die Norm an sich adressiert, zielt die Geltungskontestation gerade auf diesen Kern, um die Norm in ihren Grundbestandteilen anzufechten. Am Beispiel der R2P sowie des Walfangverbots wird illustriert, dass die Normrobustheit unterschiedlich zu bewerten ist, obwohl beide Normen international als durchaus umstritten gelten müssen: Die R2P zeigt trotz Anwendungskontestation eine erstaunliche Robustheit, wenngleich letztere insgesamt ein niedriges Niveau hat. Während in diesem Fall also keine Geltungskontestation beobachtet wird, scheint sich letztere im Walfangverbot zu häufen. Allerdings verweisen die Autor*innen auch auf die Relevanz von Kontext für Robustheit und Kontestation: So intensiviert sich Anwendungskontestation insbesondere dann zur Geltungskontestation, wenn es kaum institutionelle Verfahren gibt, um Anwendungskontestation produktiv zu bearbeiten (Deitelhoff und Zimmermann 2020, S. 71).

Robustheit wird dabei als Mischung von praktischer Einhaltung wie sprachlicher Bestätigung einer Norm verstanden (Deitelhoff und Zimmermann 2019, S. 3). Deshalb werden die Effekte von eher diskurs- und eher praxisbasierter Kontestation auf Normrobustheit systematisch unterschieden, aber doch in Relation zueinander gedacht (Deitelhoff und Zimmermann 2019, S. 5–6). In Folge werden jeweils zwei Indikatoren synthetisiert, um praktische wie diskursive Effekte von Kontestation zu bestimmen. Dabei verweist die erste diskursive Dimension auf Konkordanz, also die übereinstimmende Akzeptanz einer Norm bei unterschiedlichen Akteuren und in verschiedenen Foren, die zwischen hoher und keiner Ausprägung abgetragen werden kann. Als weitere diskursive Dimension zeigen auch Reaktionen auf Normverletzungen von sogenannten dritten Parteien, also von im konkreten Fall eigentlich unbeteiligten Akteuren, wie robust eine Norm ist, wobei das Spektrum von umfassender Sanktionierung bis zu rhetorischer Unterstützung reichen kann. Die praxisbasierten Dimensionen prüfen einerseits die Compliance und andererseits die Implementation. Dabei kann solche beobachtbare Regeleinhaltung in verschiedenen Abstufungen zwischen universeller und nicht existenter Compliance vorliegen, während Implementation anzeigt, ob eine Norm auf verschiedenen Ebenen in hohem oder geringem Maße in die politische Praxis inkludiert ist (Deitelhoff und Zimmermann 2019, S. 8–9). Entlang dieser vier Indikatoren ergibt sich ein Spektrum unterschiedlicher Ausprägungen, die den Status der jeweiligen Normrobustheit und zugleich dessen Wandel erfasst.

Auf dieser Grundlage hat die Forschung zur Normenrobustheit umfangreiche Ergebnisse produziert: Dabei leitete sie sowohl ein größeres Forschungsprojekt an, bei dem Normen zum Folterverbot, zur R2P, zum Walfang und zur Strafverfolgungspflicht sowie die zwei historischen Fälle zur Freibeuterei und zur Sklaverei vergleichend untersucht wurden (Zimmermann et al. 2023). Zugleich inspirierte dieser Zugang auch eine Gruppe von prominenten Forscher*innen in einem *Special Issue* des *Journal of Global Security Studies* unterschiedliche Felder der Sicherheitspolitik aus Sicht der Normrobustheit zu untersuchen, indem sie das Chemiewaffentabu, die R2P, das Selbstverteidigungsrecht, den Internationalen Strafgerichtshof (ICC), das Folterverbot, das internationale Strafrecht sowie Frauen in Kampfeinsätzen und die jeweils beobachtbare Kontestation dahinterliegender Normen analysieren.[1] Zudem hat die Forschung zur Normrobustheit auch ihren Kontestationsansatz in weitere Debatten eingebracht: So hilft die Unterscheidung zwischen Anwendungs- und Geltungskontestation nicht nur dabei, das Ausmaß lokaler Agency hinsichtlich globaler Diffusionsprozesse zu bestimmen (Zimmermann und Deitelhoff und Lesch 2017), sondern auch, Praktiken und Prozesse innerhalb von Normdynamiken wie Kontestation und "backlash" systematischer zu unterscheiden (Deitelhoff 2020).

4.1.2 Normlegitimität zwischen reaktiver und proaktiver Kontestation

Auch im zweiten, bereits in den 2000er-Jahren durch Antje Wiener etablierten Kontestationsansatz steht die Frage im Mittelpunkt, wie Kontestation eigentlich erklärt und be-

---

[1] Dabei kommt der zusammenfassende Beitrag (Sandholtz 2019) zu folgendem Ergebnis: Während sich drei Normen im Untersuchungszeitraum als äußerst robust erwiesen (Selbstverteidigungsrecht, Frauen im Kampf, Chemiewaffen), büßten zwei weitere leicht an Robustheit ein (ICC und Folter) und noch zwei andere Normen wurden sogar robuster (R2P und internationales Strafrecht).

wertet werden kann. Ausgehend von Situationen, in denen Akteure die Angemessenheit und Einhaltung von Normen explizit hinterfragen, fokussiert dieser Ansatz das Wechselspiel von normativen Strukturen und sozialen Praktiken. In einer liberalen normativen Ordnung stellen vor allem Demokratie, Rechtsstaatlichkeit oder Menschenrechte den Grundbestand normativer Strukturen dar, deren Befolgung von Akteuren innerhalb dieser Ordnung erwartetet wird, weshalb ihre Anfechtung oftmals problematisch erscheint (Wiener 2004, S. 190–191). Ob und inwiefern dies aber tatsächlich ein Problem darstellt, hängt allerdings erheblich von der Perspektive auf Normen sowie auf die mit ihnen verbundenen Bedeutungen und Praktiken ab. Während viele Ansätze in der Normenforschung allein die beobachtbare *Reaktion* von Akteuren auf Normdiffusion analysieren, schlägt der folgende Ansatz eine Normenforschung vor, die sich in *Relation* zu Normen versteht und so die verschiedenen Praktiken des Umgangs von Akteuren mit Normen und ihrer Bedeutung untersucht (Wiener 2007a, S. 48). Diese relationale Perspektive auf Normen führt aus mindestens zwei Gründen zu einem Verständnis von Kontestation als alltäglich: Zum einen sind Normen eingebettet in die grundlegende Strukturation des Sozialen, also die Herstellung und Reproduktion von gesellschaftlichen Phänomenen durch Interaktion. Zum anderen sind moderne Gesellschaften pluralistisch und divers, was sich im Weltmaßstab einer internationalen Gemeinschaft mit globalen Normen noch potenziert. Beide Argumente müssen weiter ausgeführt werden.

Als Bestandteil der Ko-Konstitution des Politischen, also des komplexen Wechselspiels zwischen Akteur und Struktur, besitzen auch Normen eine doppelte Qualität, indem sie Handeln gleichermaßen ermöglichen sowie einschränken (Wiener 2007a, S. 51, 2008, S. 38). Zugleich gilt aber auch: Weil Normen durch diese doppelte Qualität grundsätzlich umstritten ("contested") sind, entwickeln sie ihre Bedeutung durch Interaktion in einem spezifischen Kontext politischer Praxis (Wiener 2007b, S. 6). Somit müssen Praktiken der Bedeutungsverhandlung auf und zwischen verschiedenen Ebenen untersucht werden. Um die Kontextabhängigkeit der Bedeutungsgenerierung und den dadurch flexiblen Charakter und Status von Normen zu unterstreichen, spricht die Kontestationsforschung hier vom "meaning-in-use" (Wiener 2008, S. 9; basierend auf Milliken 1999). Dennoch können Normen temporär durch Praxis gefestigt werden, wenn sie drei Formen der Bestätigung erfahren: Erstens müssen sie rechtliche Validität ("legal validity") durch offizielle Dokumente wie dem Völkerrecht besitzen. Zweitens müssen sie innerhalb einer Gruppe soziale Anerkennung ("social recognition") hervorrufen, die nicht schriftlich fixiert sein muss. Drittens müssen sie auf einer kulturellen Validierung ("cultural validation") mittels individueller Erfahrung basieren, die im soziokulturellen Kontext informell bleibt, aber für Implementation und Legitimität von Normen zentral ist (Wiener 2014, S. 20, 30).

Doch nicht allein die Ko-Konstitution des Sozialen führt dazu, dass Kontestation alltäglich ist. Auch die Verfasstheit von Gesellschaften und die Prozesse einer demokratischen Ordnung tragen dazu bei, dass Umstrittenheit ein empirisches Kennzeichen pluraler Gesellschaften ist. Zentral ist für dieses Argument vor allem der Bezug auf die Theorie des demokratischen Konstitutionalismus des kanadischen Philosophen James Tully, die sich mit der praktischen Aushandlung von Verfassungsinhalten in von Diversität geprägten Gesellschaften beschäftigt und die als Teil agonaler Demokratietheorie verstanden werden kann (Flügel-Martinsen 2013). Angesichts der pluralen Gesellschaft Kanadas, in der unter anderem auch die indigene Bevölkerung politische Anerkennung einfordert, betont Tully (1995, S. 26) die allgegenwärtigen Unterschiede innerhalb von Gemeinschaften, die von liberalen Ansätzen oftmals verkannt oder als auflösbar betrachtet werden. In seiner Vorstellung eines demokratischen Konstitutionalismus sind Verfassung und politische Praxis über die Praktiken bürgerlicher Freiheit ("practices of civic freedom") verkoppelt, die als Formen des gelebten Widerstands darauf abzielen, die Beziehungen politischer Führung durch Bottom-up-Aktivitäten zu demokratisieren (Tully 2008, S. 4). Verfassungen können somit nicht als Endpunkt einer historischen Entwicklung gelten, sondern müssen als Rahmen begriffen werden, in dem politische Prozesse und Interaktion ermöglicht werden. Auch wenn dieser Ansatz sich auf die innenpolitische Kontestation innerhalb pluraler Gesellschaften bezieht, sieht Wiener die Übertragbarkeit auf die internationale Ebene gegeben, weil auch diese durch Diversität und Pluralität gekennzeichnet ist und keineswegs so homogen erscheint, wie es liberale Ansätze der Normenforschung implizit annehmen (Wiener 2014, S. 40). Als normative Forderung gewendet ergibt sich eine weitere Grundannahme: Auch für Normen im internationalen Kontext gilt das Prinzip des *quod omnis tangit*, was bedeutet, dass Normen, die alle berühren, auch von allen anerkannt werden müssen. Somit müssen für legitime Normen die Betroffenen auf allen Ebenen der Normimplementation einbezogen werden, weil ihre Praktiken in Relation zu Normen bedeutsam sind (Wiener 2018, S. 31–33).

Diesen Überlegungen folgend, etabliert die Kontestationsforschung die „Logik der Umstrittenheit" zur Analyse internationaler Normen, die die kontinuierliche Herstellung normativer Validität fokussiert. Normen sind somit grundsätzlich nicht stabil. Selbst wenn sie in einem kulturellen Kontext validiert sind, lässt sich dies nicht für andere Kontexte generalisieren (Wiener 2007a, S. 55). Stattdessen geht die Kontestationsforschung von drei Prämissen aus, die auf der Logik der Umstrittenheit in Normdynamiken basieren: Dabei besagt die Normativitätsprämisse, dass Normen normativ sind und als politische Phänomene zu Kontestation einladen, was sich spätestens bei ihrer Implementation zeigt (Wiener 2014, S. 32). Die Diversitätsprämisse geht davon aus, dass Gemeinschaften plural sind und sich ihre Pluralität als „normatives Gepäck" einzelner Stakeholder zeigt. Sichtbar wird diese Diversität auch über eine Legitimitätslücke innerhalb von Normdynamiken zwischen fundamentalen Normen auf der Makroebene und spezifischen Verfahren auf der Mikroebene (Wiener 2014, S. 39). Schließlich verweist die Prämisse eines kulturellen Kosmopolitanismus auf eine Validierungsform von Normen, die als kulturelle Bestätigung durch Stakeholder globale Bottom-up-Praktiken darstellen (Wiener 2014, S. 47).

Dies verdeutlicht sich auch bei der Untersuchung kultureller Validierungen von europäischen Normen bei der Bildung einer europäischen Gemeinschaft (Wiener 2008). Im Vergleich der Interaktionen zwischen Akteuren auf der europäischen und der nationalen Ebene zeigt sich, dass nationale, internationale und transnationale Eliten die Bedeutung von Normen tatsächlich unterschiedlich interpretieren: Das jeweilige "meaning-in-use" ist also von kultureller Validierung geprägt. Dieser Befund lässt sich nicht nur bei nationalen Akteuren beobachten, sondern gilt in geringerem Maße auch für Akteure, die tagtäglich in Brüssel mit europäischen Normen umgehen. Anhand dieser Empirie zeigt sich, dass die zunächst unsichtbar bleibende kulturelle Validierung auf ein normatives Gepäck ("normative baggage", Wiener 2008, S. 192) von Eliten verweist, das sie auch in inter- oder transnationale Arenen mitnehmen, wo das "meaning-in-use" von globalen Normen geformt wird. Somit wird unterstrichen, dass sich Kontestation vor allem dann ergibt, wenn Normen und Kontexte interagieren und so Prozesse der Bedeutungsinterpretation anstoßen.

Ausgehend von diesen Beobachtungen entwickelt Wiener (2014, 2018) das sogenannte Cycle-Grid-Modell, das

Grundannahmen verdeutlicht und zugleich Wege zur Analyse von Kontestation sowie zur Bestimmung von Normativität im internationalen System entwickelt. Zunächst werden grundlegend zwei Kontestationspraktiken unterschieden (Wiener 2018, S. 35–38): Während sich reaktive Kontestation auf eine bereits etablierte Norm bezieht, zielt proaktive Kontestation auf eine umfassendere Auseinandersetzung mit Normen, die nicht nur auf die Normübernahme beschränkt bleibt. Stattdessen wirkt proaktive Kontestation gestaltend in Normdynamiken: Sie ist Kritik im produktiven Sinne des Wortes, während reaktive Kontestation als reiner Widerspruch verbleibt. Somit ist proaktive Kontestation die zentrale Form, über die eine Steigerung der Legitimität internationaler Normen am ehesten umgesetzt werden kann. Aus diesem Grund ist wesentlich, wer Zugang zu Kontestationsräumen hat und wessen Praktiken als relevant zählen. Obgleich Akteure und ihre Praktiken in normative Kontexte eingebettet sind, unterliegen sie dennoch unterschiedlichen Zugangsvoraussetzungen zu Kontestation: Einerseits gibt es immer einen bereits vorhandenen Diskurs zum *meaning-in-use*, andererseits stellen internationale Institutionen und nationale Verfassungen eine normative Opportunitätsstruktur dar. Beides ermöglicht, aber beschränkt auch gleichermaßen die Kontestationsmöglichkeiten der Akteure (Wiener 2018, S. 53–58).

In einem weiteren Schritt führt das Modell eine Typologie ein, um drei Normtypen und deren Ebenen zu unterscheiden: So finden sich grundlegende Normen auf der Makroebene, Organisationsprinzipien auf der Mesoebene und standardisierte Verfahren auf der Mikroebene. Diese Normtypen variieren nicht nur hinsichtlich ihrer geografischen Reichweite, sondern auch im Ausmaß ihrer Moralität und der Wahrscheinlichkeit für eine bestimmte Kontestationsform. Weil grundlegende Normen – wie die Rechte des Individuums oder das Folterverbot – eine breite moralische Reichweite besitzen und auch hohe Anerkennung genießen, führen sie eher zu proaktiver Kontestation. Demgegenüber sind die standardisierten Verfahren hochgradig formalisiert und nur wenig moralisch, weshalb sie eher zu reaktiver Kontestation verleiten. Zwischen diesen beiden Normtypen liegen Organisationsprinzipien wie etwa die R2P als weitgehend geteilte Praktiken in einer Gruppe oder Gemeinschaft, die mittelstark kontestiert werden (Wiener 2018, S. 59). Im sogenannten Cycle-Grid-Modell (siehe Abb. 4.1) werden nun die Makro-, Meso- und Mikroebene globaler Ordnungen mit den drei Stufen der Normimplementation gekoppelt. So ergeben sich neun sogenannte "sites", in denen Kontestation durch Stakeholder prinzipiell möglich ist und unterschiedliche Formen der Normvalidierung relevant werden. Wie Abb. 4.1 ausweist, fügt das Model diesem so entstandenen Gitter ("grid") noch den Validierungskreislauf ("cycle") hinzu, in dem formale, soziale oder kulturelle Validierung als Praktiken gefasst werden. Dabei ist reaktive Kontestation in der konkreten Implementierung wahrscheinlich, während proaktive Kontestation in der Verhandlungsphase erwartbar

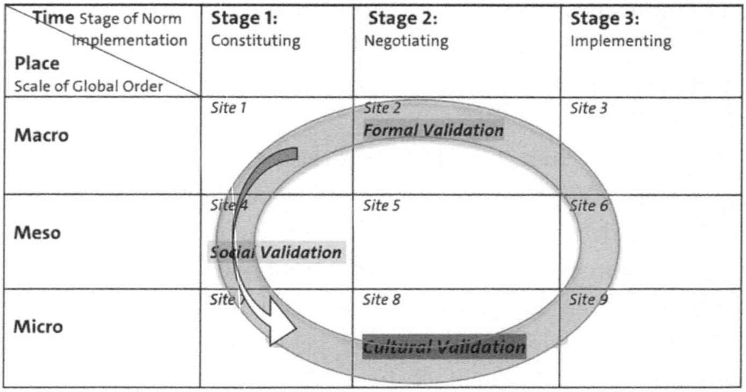

Time Stage of Norm Implementation / Place Scale of Global Order	Stage 1: Constituting	Stage 2: Negotiating	Stage 3: Implementing
Macro	Site 1	Site 2 Formal Validation	Site 3
Meso	Site 4 Social Validation	Site 5	Site 6
Micro	Site 7	Site 8 Cultural Validation	Site 9

Abb. 4.1 Das Cycle-Grid-Modell nach Wiener (2018, S. 44)

ist. In der Phase der Initiierung können hingegen beide Formen auftreten (Wiener 2018, S. 43). Nutzbar ist das Modell somit als Heuristik, um Kontestationsprozesse und -praktiken empirisch zu erkennen und vergleichend zu analysieren. Nicht zuletzt begreift Wiener ihren Ansatz als ein sogenanntes bifokales Forschungsprogramm, das normative Praktiken in der Gesellschaft und der Wissenschaft untersuchen sowie unterstützen möchte, indem es als wissenschaftlicher Beitrag auf eine inklusivere Weltpolitik zielt. Um die Legitimität von Normen diskutieren zu können, muss das Wechselspiel von Normkontestation und Normvalidierung nicht nur untersucht, sondern auch bewertet werden. Empirisch stellt sich dabei die Frage, unter welchen Bedingungen Normkontestation eigentlich stattfindet und welche Betroffenen sich einbringen können. Normativ muss dann abgeglichen werden, wer aufgrund eigener Betroffenheit eigentlich Zugang zu Kontestation haben sollte und wem er faktisch verwehrt bleibt (Wiener 2018, S. 31). Dazu wird mit erneutem Bezug auf Tully ein "multilogue" als inklusiver Dialog mit möglichst vielen Stakeholdern vorgeschlagen, bei dem Pluralismus als Ausgangspunkt von normativer Praxis und Normenforschung genommen wird (Wiener 2018, S. 4). Somit muss global von der Diversität und Diversifizierung von Akteuren und Agency ausgegangen sowie unterschiedliche Ebenen und Praktiken mitgedacht werden (Wiener 2018, S. 18–21). Insgesamt sind diese Überlegungen auch Teil der Debatte um *Global International Relations*, die als tatsächlich globale Alternative zum westlichen „Universalismus" in den Internationalen Beziehungen (IB) als wissenschaftlicher Disziplin, aber auch zu staatszentrierten Formen von Global Governance verstanden wird (Acharya 2016).

In Summe ist die Forschung zur Kontestation und Legitimität von Normen einer der zentralen Bezugspunkte einer sich dynamisch wie kritisch verstehenden Normenforschung geworden. Dabei wurde sowohl weitere Forschung stimuliert (z. B. Garcia Iommi 2020), als auch zur Entwicklung alternativer Kontestationskonzepte beigetragen. Zugleich gab es aber auch Rückfragen an die Konzeption, etwa ob angesichts der scheinbaren Stabilität kultureller Faktoren als bestimmender "cultural baggage" tatsächlich „contestation all the way down" (Niemann und Schillinger 2017, S. 47) für sämtliche sozialen Phänomene gelte und ob Kontestation als Grundkonstante des Politischen nicht in sämtlichen politischen Situationen gleichermaßen vorkommen müsse, anstatt in bestimmten "sites" verstärkt erwartet zu werden (Havercroft 2017).

4.2 Normen, Normativität und ihre Macht

Die folgenden Ansätze der Normenforschung setzen einen anderen Fokus als die vorangegangenen Kontestationsperspektiven. Zwar thematisieren auch sie ein Infragestellen von Normen, erweitern das Spektrum dieser Kritik aber substanziell. Während sich die bisherigen Ansätze empirisch wie konzeptionell mit der beobachtbaren Anfechtung internationaler Normen beschäftigen, radikalisieren die folgenden Ansätze dies in zweifacher Hinsicht: Einerseits entfacht sich hier Kritik nicht mehr an Normen, deren Bedeutung, Geltung oder Anwendung, sondern bezieht sich auf die durch Normen entstandene sowie aufrechterhaltene normative Ordnung als Ganzes. Konkret erscheint die seit dem Zweiten Weltkrieg institutionalisierte liberale internationale Ordnung aus dieser Perspektive weder alternativlos noch angemessen, weil ihre Normen nicht nur Machtverhältnisse etabliert haben, sondern auch reproduzieren. Andererseits geht es in diesen Ansätzen nicht mehr um die Analyse von Akteuren oder Praktiken in Situationen der Anfechtung, sondern um eine grundsätzlichere Auseinandersetzung mit der Normativität des internationalen Systems, aber auch mit der Normativität von Forschenden selbst. Letztere werden nicht als objektive Beobachter*innen verstanden, sondern sie sind Teil der sozialen Realität und über die Auswahl ihres Erkenntnisinteresses oder die zentralen Annahmen ihrer Forschung auch in der liberalen internationalen Ordnung verortet. Mit anderen Worten: Aus dieser Perspektive ist Wissenschaft immer gesellschaftlich eingebettet und demnach wird „Forschung selbst zur politischen Praxis […], die zur Legitimierung und Delegitimierung kultureller Ordnungen und Wertbestände beiträgt" (Engelkamp et al. 2012, S. 106).

Dabei argumentieren die Autor*innen oftmals poststrukturalistisch[2] oder postkolonial[3] und setzen sich kritisch mit dem auseinander, was als „normal" gilt. Aus diesen Perspektiven ist Normalität ein sozial konstruiertes Ergebnis von vermachteten Prozessen. Normen repräsentieren also Vorstellungen über Normativität und Normalität, die sich gegen mögliche Alternativen durchsetzen konnten. In diesem Sinne handelt es sich bei Normen um hegemoniale Vorstellungen, die von dominanten Akteuren unterstützt oder genutzt werden und weniger mächtigen Akteuren über Konsens oder Zwang vermittelt werden.[4] Somit stellen Normen auch einen Ausdruck von spezifischen Machtverhältnissen dar. Diese in den angelsächsischen IB schon länger etablier-

---

[2] Poststrukturalistisch ist ein Sammelbegriff für Ansätze, die von der Relevanz von vermachteten Diskursen für das Politische ausgehen und dabei die Rolle von Sprache, Identität oder Subjekten (Akteuren) thematisieren (Campbell und Bleiker 2021, S. 197).

[3] Postkoloniale Perspektiven gehen davon aus, dass koloniale Strukturen das Ende des formalen Kolonialismus überdauert haben und auch heute noch die Beziehungen zwischen Globalem Norden und Globalem Süden bestimmen (Biswas 2021, S. 220).

[4] Hegemonie meint in neogramscianischen Ansätzen eine partikulare Vorstellung des Politischen, die über die Kombination von Zustimmung und Zwang in der Gesellschaft verbreitet wird, und sich als im Interesse aller darstellt (Rupert 2021, S. 137).

ten Perspektiven beziehen sich empirisch zumeist auf die Untersuchung von Diskursen, weil Sprache nicht als Abbildung von Realität begriffen, sondern als Vermittlerin sozialer Realität fungiert (Herschinger und Renner 2024, S. 377). Sprache ist somit produktiv, weil sie im Sinne von Konstruktionsleistungen „etwas tut": Sie erzeugt Bedeutung und ordnet diskursiv auch die Relation zwischen Phänomenen. Durch Sprache und Diskurse können Normen ihren normativen wie normalisierenden Charakter festigen und zeitigen so individuelle wie soziale Effekte, denn die „produktive Macht hegemonialer Diskurse liegt [...] in ihrer Möglichkeit, eine diskursiv produzierte, dabei aber völlig kontingente soziale Realität als objektiv wahr und gegeben erscheinen zu lassen" (Engelkamp et al. 2012, S. 112).

Jenseits dieser Konstruktionsperspektive auf Realität wollen kritische Ansätze aber auch zur Veränderung dieser sozialen Konstruktion beitragen: Deshalb weisen sie darauf hin, dass es sich etwa bei konkreten Bedeutungszuschreibungen von Normen immer nur um *eine* Möglichkeit handelt, ihre Bedeutung temporär zu fixieren. Umso wichtiger ist es den Forscher*innen, den Möglichkeitshorizont von Alternativen zu öffnen. Ein Instrument dazu ist aus kritischer Sicht die „Dekonstruktion zentraler Dichotomien" (Herschinger und Renner 2014, S. 18), also das Sichtbarmachen von Gegenbegriffen, die durch das „Normale" ausgeschlossen sind. Diese sind in kritischen Analysen zentral, um die politischen Exklusions- und Inklusionsmechanismen von dichotomen Zuschreibungen offenzulegen und ihre historische Formung zu unterstreichen. Zur Verdeutlichung, worauf dieses Vorgehen abzielt: Anhand der Zuschreibung „krank" versus „gesund" werden nicht nur empirische Zustände, sondern zugleich soziale Attribute konstruiert, nämlich „gut" und „schlecht". Nun würde niemand bestreiten wollen, dass Gesundsein empirisch besser als Kranksein ist. Dennoch funktioniert die Bedeutung von „gesund" ohne den Gegenbegriff „krank" nicht, zugleich verändert sich über Zeit, was als gesund und was als krank gilt. Anhand historischer Krankheitsvorstellungen wie der Hysterie oder Homosexualität zeigt sich sofort, dass mit den Attributen „gesund" und „krank" auch Dinge mitverhandelt werden, die mit Gesundheit im engeren Sinne nichts zu tun haben, sondern die aufgrund von an Krankheit gekoppelter Exklusion oder Stigmatisierung auch als Machtfragen gelten müssen (grundlegend Foucault 1987).

Insgesamt verstehen sich die hier versammelten Ansätze auch deshalb als „kritisch", weil sie das Ziel von Forschung nicht vorrangig darin sehen, durch die Analyse von Hindernissen für internationale Normdiffusion implizit die Problemlösungskapazität internationaler Politik zu erhöhen und damit ggf. bestehende Strukturen zu stützen. Stattdessen wird explizit die Frage nach der Macht in Normdynamiken gestellt und angesichts von allgegenwärtiger Ungleichheit und Exklusion nach Möglichkeiten der Emanzipation oder Inklusion gefragt. Dazu beziehen sich die folgenden Ansätze zwar auf die Ergebnisse der bereits vorgestellten Forschung, hinterfragen aber gängige Konzepte wie Sozialisation, dekonstruieren scheinbare Normalitäten wie Menschenrechte und suchen nach Machteinschreibungen in der Normativität.

4.2.1 Normdynamiken als vermachtete Prozesse

Obwohl im Titel dieses Unterkapitels von „vermachteten Prozessen" die Rede ist, geht es nicht eine direkte Machtausübung durch Akteure. Vielmehr sehen die folgenden Perspektiven in Normdynamiken eine Vielzahl von weitgehend impliziten und kaum thematisierten Machteinschreibungen, die offengelegt werden müssen, um Kritik anzubringen und Alternativen aufzuzeigen. Dabei beschäftigt sich die hier vorgestellte Auswahl mit der Naturalisierung bestimmter Normen als positiv besetzter Normalität und mit der historisierenden Ausblendung von Alternativen, aber auch mit der Kritik internationaler Sozialisation als Infantilisierung und mit der als kolonial wahrgenommenen Annahme eindeutiger Diffusionsrichtungen innerhalb von Normdynamiken.

Wenn Diskurse die soziale Realität produzieren und reproduzieren, stellt sich die Frage, *welche* Realität sie letztlich in normativer Hinsicht hervorbringen. Grundsätzlich verweisen kritische Ansätze bei der diskursiven Konstruktion auf Prozesse der Vereinheitlichung, die sich auch bei Normen zeigen: So begreifen viele Ansätze Normen implizit als normativ gut sowie historisch zwangsläufig, weil sie eine eurozentrische Perspektive nicht verlassen. Komplexere Gemengelagen oder historische Alternativen geraten somit aus dem Blick, wie etwa die mehr oder minder zeitgleichen Prozesse französischer und haitianischer Etablierung von Menschenrechten, deren historische Relevanz aus heutiger Sicht erstaunlich unterschiedlich bewertet wird (Grovogui 2011; Zwingel 2023). Durch solch bewusste wie unbewusste Normalisierung von partikularen Praktiken durch die Vereinheitlichung unterschiedlicher normativer Quellen und Bezüge kommt es faktisch zu einer Naturalisierung von Normen (MacKenzie und Sesay 2012, S. 148; Engelkamp et al. 2012, S. 108). Statt als politische Prozesse erscheinen Normdynamiken als quasi-natürlich und alternativlos, eindeutig und linear. Demgegenüber stellt die kritische Perspektive explizit die Frage, weshalb konkrete Normen gerade in dieser Situation und mit dieser Gestalt zustande kommen, und unterstreicht so die Kontingenz und Ambiguität von Normdynamiken (Epstein 2014, S. 299). Zugleich arbeiten machtkritische Ansätze heraus, dass bereits mit der Beschreibung von Normdiffusion eine zumeist implizite Bewertung einhergeht: Indem westliche Entwicklungen als Standard erachtet werden, wird normativer Wandel, der vom Globalen Norden ausgeht, mit normativem Fortschritt gleichgesetzt, während andere Prozesse und Phänomene marginalisiert oder delegitimiert werden (MacKenzie und Sesay 2012, S. 57–59, Epstein 2012, S. 140–141). Dieser Fokus auf bestimmte Praktiken bei Ausblendung von Alternativen ist auch praktisch relevant: So zeigt die Forschung zu einer internationalen Norm der Versöhnung nach Bürgerkriegen, die von den UN unterstützte Wahrheitskommissionen untersucht, dass solche westlich geprägten One-fits-all-Vorschläge oftmals für den Kontext blind sind (Renner 2013). In Summe will die kritische Normenforschung also auf Auslassungen und Versäumnisse bisheriger Normenforschung hinweisen, die das „Normale" als ex-post-erwartbares Ergebnis oder als das Alltägliche nicht hinterfragt, sondern eine widerspruchsfreie und zugleich bewertende Erzählung über Normen naturalisiert.

Dass nicht nur Normen, sondern auch Normdynamiken vermachtet sind, thematisiert die kritische Normenforschung anhand von zwei konkreten Asymmetrien, die normative Dynamiken und deren Erforschung durchdringen: die Vorstellung von Sozialisationsprozessen sowie die Richtung der angenommenen Diffusion bei der Etablierung von Normen. In beiden Fällen würden Hierarchien etabliert oder aufrechterhalten, die nicht nur politisch, sondern auch wissenschaftlich Wirkung zeigten. So wird die Grundannahme des Sozialisationskonzepts, das die Normenforschung etwa im Kaskaden- oder im Spiralmodell zentral anleitet, als problematisch kritisiert (Epstein 2012): Während die Charakterisierung des Sozialisands im Ursprungszusammenhang des Konzepts – als Eingliederung eines jungen Menschen in die Werte und Normen einer Gesellschaft – noch vertretbar sein mag, habe diese Annahme im

Übertrag auf internationale Sozialisationsprozesse normative Implikationen, die machtvoll wirken. Durch die Gleichsetzung von Kindern und Staaten als Sozialisanden in Sozialisationskonzepten, werden letztere am empfangenden Ende des Diffusionsprozesses als passive Empfänger und ohne vorherige Identität dargestellt (Epstein 2012, S. 142). Letztlich wirke Sozialisation somit nicht nur bevormundend, sondern Adressat*innen neuer Normen – oftmals Staaten im Globalen Süden – würden implizit infantilisiert. Somit richtet sich der programmatische Titel eines prominenten machtkritischen Textes direkt gegen Normunternehmer*innen, aber auch gegen eine Normenforschung, die machtvolle Konzepte unkritisch nutzt: „Stop telling us how to behave" (Epstein 2012).

Ein letzter Kritikpunkt thematisiert die Perspektive der Normenforschung auf die Richtung der Diffusion von Normen, mit der auch eine normative Bewertung der Progressivität von Gesellschaften einhergeht. So untersuchen nicht nur viele Studien die Verbreitung liberaler Normen wie Menschenrechte oder Rechtsstaatlichkeit, sondern analysieren dabei auch oft, wie Akteure aus dem Globalen Norden versuchen, diese Normen in den Globalen Süden zu exportieren. Genau diese Praxis wurde in der Lokalisierungs- und Translationsliteratur bereits kritisch diskutiert und empirische Alternativentwicklungen im Sinne von Abwehr oder Anfechtung aufgezeigt. Machtkritische Arbeiten gehen jedoch einen Schritt weiter, indem sie einerseits an konkreten Beispielen eine gegenläufige Diffusion von Süd nach Nord vorstellen und andererseits die normative Ordnung (und implizit die in ihr Forschenden) als kolonial kritisieren. Dabei zeigen Studien durchaus, dass auch Akteure aus dem Globalen Süden als Normunternehmer*innen fungieren können (Steinhilper 2015): Etwa am Beispiel der UN-Deklaration zu den Rechten indigener Völker wird deutlich, wie sich indigene Bewegungen transnational vernetzen und insbesondere in Zusammenarbeit mit lateinamerikanischen Staaten die Verdrängung indigener Praktiken und lokalen Wissens als neues Menschenrechtsproblem auf die Agenda der UN brachten. Durch die Offenlegung dieser Normverbreitung wird nicht nur ein Mosaikstein der internationalen Menschenrechtspolitik analysiert, sondern wird auch unterstrichen, dass diese Diffusionsrichtung eher selten im Fokus der Normenforschung steht. Eine weitere Lücke zeigt bei der Analyse internationaler Aushandlungsprozesse als Teil von Normdynamiken: Weil Normenforschung vielfach auf Material internationaler Verhandlungen zurückgreift, kann sie auch nur die dort vertretenen Positionen analysieren. Wie Studien etwa zum Aktivismus lokaler Bauern im internationalen Bündnis *La Via Campesina* und dessen Positionierung in Normdynamiken zur Lebensmittelsicherheit zeigen (Dunford 2017), sind in internationalen Foren aber bestimmte Stimmen oftmals exkludiert, weswegen entsprechende Empirie nur dokumentiert, wie vor allem westliche Eliten ihre Standpunkte vortragen. Kritische Autor*innen würden daher argumentieren, dass hier zwei Lücken zusammenkommen: Es fehlt aufgrund der internationalen Prozesse an verfügbarer Empirie, als auch an entsprechendem Bewusstsein für diese Exklusion, was auf internalisierte Perspektiven innerhalb der Forschung sowie die Situiertheit von Normenforschung im Globalen Norden rückführbar ist. Hier – so das machtkritische Argument – gerate Normenforschung in die Gefahr, selbst Exklusionssysteme zu reproduzieren.

4.2.2 Situiertheit und Normativität in der Normenforschung

Machtkritische Ansätze in der Normenforschung zielen darauf ab, nicht nur alternative Empirie oder Wissensbestände sichtbar zu machen, sondern sich auch kritisch mit der eigenen Rolle innerhalb der Forschung auseinanderzusetzen, um Normalisierungen, Naturalisierungen und Exklusionssysteme nicht selbst zu reproduzieren. Zentral für solche Kritik ist die Annahme, dass Forschung durch ihr Vorgehen, insbesondere bei der Auswahl empirischer Fälle und konzeptioneller wie methodischer Zugänge, unreflektiert „eine Realitätspolitik betreibt, die hegemoniale und oft als global betrachtete Normen tendenziell privilegiert, während sie alternative und konkurrierende Wertbestände tendenziell marginalisiert" (Engelkamp et al. 2013, S. 108). Kurzum: Weil auch Forschende unauflösbar mit der Welt verbunden sind, bedarf es einer Reflexion des eigenen Tuns. Um diesem potenziellen Problem zu begegnen, diskutiert kritische Forschung auch Wege, wie die Situiertheit von Forschung und Forschenden als Korrektiv für die Machtblindheit gegenüber der eigenen Rolle genutzt werden kann (Neumann und Neumann 2015). Über Situiertheit als explizite Verortung von Forschenden innerhalb von Normdynamiken soll sichtbar werden, dass sie Teil jener normativen Prozesse sind, die sie zugleich analysieren wollen. Eine solche Auseinandersetzung bleibt in der Normenforschung jedoch weitgehend aus (Epstein 2012, S. 138), könnte aber weiteren Erkenntnisgewinn generieren.

Wie das folgende Beispiel zeigt, kann über die Situiertheit von Forschenden eine potenzielle Beteiligung von Akademiker*innen an der Entstehung und Aufrechterhaltung von Strukturen globaler Ungerechtigkeit thematisiert werden. Um diese „Mittäterschaft" zu erläutern, bringt eine postkoloniale Studie zur Normenforschung (Inayatullah und Blaney 2012) zwei Texte als Gegengewichte zueinander in Stellung. Ihr Ausgangspunkt ist dabei eine Kritik am Unverständnis, das Richard Price als Autor des ersten Textes gegenüber kritischen Stimmen äußert, die seiner Meinung nach die Leistung konstruktivistischer Normenforschung nicht genügend anerkennen. In einem ersten Schritt wird Prices Text einer internen Kritik unterzogen, indem dessen „Moral Limit and Possibility in World Politics" (Price 2008) beim „genauen Lesen" durchleuchtet wird. In seinem Aufsatz fragt sich Price, warum sich kritische Forschende schwer dabei tun, die Ergebnisse der konstruktivistischen Normenforschung zu würdigen und dementsprechend positiv in die Zukunft zu schauen, da doch progressiver moralischer Wandel erkennbar sei. Denn, so Price, wenn Forschende ein Teil von Unterdrückung sein könnten, dann müsse es ebenso möglich sein, an der Initiierung von Fortschritt mitzuwirken. Empirisch bezieht sich diese Kontroverse auf Normen des humanitären Völkerrechts, die nach Meinung kritischer Völkerrechtler*innen vor allem eine Legalisierung von Gewalt darstellen und deshalb ihre humanitäre Absicht ad absurdum führten, wohingegen Price wiederum das einhegende Potenzial und die Problemlösungskapazität dieser Normen unterstreicht. Deshalb müsse festgehalten werden, dass Prices Text einer postkolonialen Kritik nicht standhalten könne, weil er die gegebenen Strukturen nicht hinterfrage. Entsprechend gefährde die Kritik eine ethische Heroisierung der konstruktivistischen Normforschung (Inayatullah und Blaney 2012, S. 165–170). In einem zweiten Schritt werden die Ausführungen von Price neben Adam Hochschilds Studie zur kolonialen Praxis Belgiens unter König Leopold II. gestellt (Hochschild 1999), die hier als Gegengewicht, quasi als alternativer Mythos fungiert und diese Praxis anhand von zwei Protagonisten nachzeichnet, die auf recht unterschiedliche Weise versuchen, eine kritische Öffentlichkeit gegen das belgische Vorgehen im Kongo zu schaffen. Aus postkolonialer Sicht bemerkenswert erscheint sowohl das politische Bewusstsein der beiden „Helden" als auch die umsichtige Argumentation Hochschilds, die nicht nur die tiefe Verstrickung der europäischen Staaten in die afrikanischen Verhältnisse, sondern auch die Politiken des Vergessens oder Vergessenwollens thematisiert (Inayatullah und Blaney 2012, S. 170–174). Die Studie kommt somit zu dem Schluss, dass eine Einbettung von Standpunkten nötig sei, um eine Verbindung zur eigenen Mittäterschaft herzustellen, selbst bei Ungerechtigkeiten, die man prinzipiell verurteile. Wenn aber Mythen nur einseitig argumentierten, dann nutzten sie aktiv die Praxis des Vergessens und eröffneten kaum Möglichkeiten, das „eigene dunkle Herz" (Inayatullah und Blaney 2012, S. 174) zu erkennen.

Insgesamt bringt die machtkritische Normenforschung somit neue Perspektiven in die Analyse ein. Auch wenn eingewendet wurde, dass etliche Aspekte der vorgebrachten Kritik bekannt und durch die Normenforschung auch bereits thematisiert worden seien (Deitelhoff und Zimmermann 2013), hat sich innerhalb der letzten Jahrzehnte dennoch ein Strang der machtkritischen Normenforschung etabliert, der die „Verstrickungen" von Forschung in der liberalen internationalen Ordnung als Teil seines Forschungsprogramms erachtet.

4.3 Fazit

Insgesamt zeigt sich mit diesen drei größeren Ansätzen zu Robustheit, Legitimität und Macht erneut, dass sich die Normenforschung pluralistisch ausdifferenziert und aus unterschiedlichen Perspektiven das Phänomen Normen analysiert. Diskussionswürdig erscheinen hier insbesondere die variierenden Erkenntnisinteresse, der unterschiedlich konzipierte Charakter von Normen sowie die expliziten theoretischen Bezüge der vorgestellten Studien.

Gleich mehrfach ist im Vorangegangenen deutlich geworden, dass rhetorische Kritik und praktische Nichtbeachtung als integraler Bestandteil von Normdynamiken betrachtet werden müssen, weil sie in der Praxis alltäglich sind. Zu klären war jedoch, ob diese (zeitweilige) Infragestellung als grundsätzlich problematisch für Normen und ihre Steuerungseffekte zu bewerten sind. Wie die Forschung zur Kontestation gezeigt hat, hängt die Beantwortung der Frage maßgeblich von der Art und Intensität der Kritik sowie mit der Reaktion darauf ab. Wenn in neuen Beteiligungsräumen für Stakeholder die Bedeutungen von Normen als "meaning-in-use" verhandelt werden können, birgt proaktive Kontestation durchaus das Potenzial, die Legitimität von Normen zu steigern. Auch über Anwendungskontestation können Normen und ihre Robustheit gestärkt werden, während anhaltende Geltungskontestation sie nachhaltig schwächt. Abseits dieser Effekte von Kontestation hat die machtkritische Normenforschung die Annahme entfaltet, dass Normen ein politisches Phänomen bleiben und das Argument anders gewendet: Als Instrumente der Naturalisierung und Normalisierung wurden Normen hinterfragt und Machteinschreibungen in Normdynamiken offengelegt. Zugleich ergänzen diese Ansätze ihre Kritik an Hierarchien und Asymmetrien mit einer produktiven Perspektive auf Situiertheit, die Forschende für die Implikationen ihrer Forschung sensibilisieren möchte, um Machteffekte einzuhegen.

Auch bezüglich ihrer Vorstellungen und Definitionen von Normen unterscheiden sich die drei vorgestellten Ansätze: Mit Bezug auf ihre doppelte Qualität gelten soziale Normen im Kontestationsansatz von Wiener als nicht fixiert und werden anti-essenzialistisch aufgefasst, die Konzeptualisierung von Normen über "meaning-in-use" kennzeichnet diese prozedurale Perspektive. Allerdings gerät diese Konzeptualisierung von Normen in doppelte Spannung mit grundlegenden normtheoretischen Annahmen, weil sie über die Betonung von Prozessen und Dynamiken die Orientierungsfunktion von Normen zu vergessen droht, und auch, weil sie mit ihrer Ablehnung eines "shared understandings" zugunsten von normativer Ambiguität die identitätsstiftende Qualität von Normen für Akteur*innen kaum mehr zur Kenntnis nimmt. Dagegen begreift die Forschung zur Normrobustheit, ihren Gegenstand eher fixiert und thematisiert gar einen „Normkern", um die beiden Kontestationstypen unterscheiden zu können.

Der zentrale Grund, weshalb die besprochenen Ansätze ein eigenes Kapitel bekommen haben, liegt allerdings in ihrer Ausrichtung auf deliberative und agonale Wirkungspfade und ihrem expliziten Bezug zu Theorien jenseits der Normenforschung. Während sich die Kontestationsforschung bei Antje Wiener explizit auf die demokratietheoretischen Arbeiten von James Tully bezieht und sich auch von International-Law-Ansätzen inspirieren lässt, basiert die Forschung zur Normrobustheit maßgeblich auf der Unterscheidung zwischen Anwendung und Geltung, die sich aus Überlegungen von Jürgen Habermas und Klaus Günther an der Schnittstelle von Rechts- und Demokratietheorie speisen. Wie die Beispiele bereits angedeutet haben, nutzt das Spektrum der kritischen Ansätze in der Normenforschung unterschiedliche Quellen der Inspiration, um alternative Perspektiven, Zugänge oder Methoden zu fördern. Ohne hier ins Detail gehen zu können, verweisen die Autor*innen beispielsweise auf die Arbeiten von Chantal Mouffe und Ernesto Laclau zu radikaler Demokratie, aber arbeiten auch im Anschluss an die Diskurstheorie von Michel Foucault, an die Performativitätsanalyse von Judith Butler, Pierre Bourdieus Praxistheorie sowie Donna Haraways oder Bruno Latours Wissenskonzeption. Somit ergibt sich eine Vielzahl von Bezügen, die die Normenforschung in Gänze belebt hat, aber auch dazu beiträgt, dass eine gewisse Lagerbildung beobachtbar ist und der Austausch zwischen diesen Lagern schwieriger wird, weil Begrifflichkeiten, Erkenntnisinteresse und Forschungsprogrammatik sich zunehmend auseinanderentwickeln (Ulbert 2012; siehe aber auch die Diversität des Sammelbandes von Engelkamp et al. 2021).

5
Jenseits von Normunternehmer*innen und Normadressat*innen: Akteure in Normdynamiken

> **Was können Sie mitnehmen?**
> - *Illustration von Akteurshandeln am Beispiel der Normdynamiken um den ICC*
> - *Einführung in das Spektrum verschiedener Rollenbilder jenseits einer binären Gegenüberstellung von "norm maker" und "norm taker"*
> - *Einordnung verschiedener Rollen über ihre Positionierung gegenüber einem normativen Status quo, ihre Motive sowie ihre Strategien und Instrumente*
> - *Vorstellung unterschiedlicher Akteurstypen wie NGOs, Staaten, Unternehmen und Individuen sowie ihrer Berücksichtigung in der Normenforschung*
> - *Fazit und Diskussion der Ergebnisse*

Dass es einen Internationalen Strafgerichtshof (ICC) gibt, der Völkermord, Verbrechen gegen die Menschlichkeit, Kriegsverbrechen und Aggression ahnden kann, ist nicht nur eine institutionelle Neuerung der frühen 2000er-Jahre, sondern es ist auch ein Erfolg von Nichtregierungsorganisationen (NGOs) als Normunternehmer*innen. Um diese Einrichtung voranzutreiben, bildete sich um die Norm der Strafverfolgung ein internationales NGO-Netzwerk, das mittels *Frames* die mögliche Straffreiheit im Völkerrecht bei solchen Taten problematisierte und deshalb an Staaten herantrat, um sie von der Angemessenheit einer entsprechenden Institutionalisierung zu überzeugen (Deitelhoff 2006). Ähnliche Prozesse stießen NGOs auch im Bereich der Regulierung von Landminen und Streumunition an. In diesen Fällen wurde ebenfalls mit Normen argumentiert und auf die humanitären Konsequenzen der Nutzung dieser Waffengattungen verwiesen, aber auch an das Diskriminierungsgebot bei Waffen im humanitären Völkerrecht erinnert (Rosert 2019c, S. 4). In vielen internationalen Verträgen zur Rüstungskontrolle findet sich der Hinweis, dass bei der Nutzung von Waffen zwischen Zivilist*innen und Kombattant*innen, also regulär in Kriegshandlungen Involvierten, unterschieden werden muss. Wenn diese Unterscheidung mit bestimmten Waffen nicht möglich ist, wurden sie vielfach in Verbotsregimen reguliert. Allerdings blieben Landminen und Streumunition, die beide letztlich nicht diskriminierend genutzt werden können, lange Zeit unreguliert.

Obgleich die Beispiele erfolgreiches Normunternehmertum darstellen, zeigt sich an der weiteren Entwicklung hinsichtlich des ICC auch, dass einer Norminitiierung nicht zwingend die Normeinhaltung folgen muss und dass sich aus einer anfänglichen Normanerkennung über die Zeit eine Normerosion entwickeln kann. Denn mit einem Fokus auf die handelnden Akteure wird deutlich, dass diese nicht nur Normen begründen wollen oder sich von ihrer Angemessenheit überzeugen lassen, sondern auch ein vorsichtiges Infragestellen, eine explizite Ablehnung oder ein selbstbewusstes Uminterpretieren von Normen zu beobachten ist. So waren etwa Großmächte wie die USA, Russland oder China nie vom ICC überzeugt und ließen sich in den folgenden Jahren nur zu taktischen Konzessionen verleiten (Simmons und Jo 2019). Zugleich veränderten aber auch mehrere afrikanische Staaten mit der Zeit ihre Haltung zum ICC, sodass auf normative Unterstützung prinzipielle Anfechtung folgte. Allerdings erscheint das empirische Handeln der Akteure – selbst in Situationen der Normablehnung – unterschiedlich motiviert: Während es einigen Akteuren eher um die Normanwendung ging, also infrage gestellt wurde, ob der ICC im konkreten Fall überhaupt zuständig sei (Bower 2019), verweigerten sich andere Akteure den Normen des ICC generell und suchten sogar den Austritt (Mills und Bloomfield 2017), was eine regressive Wende in Bezug zum normativen Status des ICC darstellt – wenngleich auch nicht zwingend für die Norm der Strafverfolgung, deren Bedeutung in einigen Staaten national gestärkt wurde (Deitelhoff 2020). Mit der Begrifflichkeit aus dem letzten Kapitel wählten Akteure in diesem Fall also auch Geltungs- und nicht nur Anwendungskontestationen, wodurch sich ein Spektrum von Akteurshandeln zeigt.

Somit illustriert das Bespiel, dass Akteure etwas mit internationalen Normen tun. Während sich die bisherigen Kapitel auf die unterschiedlichen Prozesse innerhalb von Normdynamiken konzentrierten, fokussieren die folgenden Seiten auf das Akteurshandeln in diesen Prozessen und unterstreichen, dass sich Normen immer auf Akteure beziehen (Jurkovich 2020). Konkret wird dargestellt, welche Rollen Akteure idealtypisch übernehmen. Zum besseren Überblick werden dabei drei generelle Positionen zum normativen Status quo samt Motivationen, Strategien und Instrumenten unterschieden: Akteure zielen darauf ab, den Status quo entweder zu ändern, zu verteidigen oder sie stehen normativem Wandel ambivalent gegenüber. Zudem wird, ausgehend von zentralen Erkenntnissen der Normenforschung zu Akteuren, vorgestellt, welche Typen von Akteuren mit welchen Schwerpunkten hinsichtlich ihrer Rolle bislang analysiert wurden.

5.1 Das Spektrum von Rollen in globalen Normdynamiken

Grundsätzlich unterscheidet die Normenforschung oftmals zwischen Normunternehmer*innen und Normadressat*innen, die bisweilen auch "norm leaders" und "norm followers" oder "norm makers" und "norm takers" genannt werden (Finnemore und Sikkink 1998, S. 895). Somit geht die frühe Forschung vereinfachend von einer binären Unterscheidung aus, die sich an Vorstellungen von Ursache und Wirkung, Sender und Empfänger oder Aktion und Reaktion orientiert. Obwohl dies aus analytischen Gründen sinnvoll gewesen sein mag, verdeutlichen spätere Studien, dass die empirische Situation komplexer und die Varianz von Akteurshandeln viel ausdifferenzierter ist.

So unterstrichen die bereits besprochenen Ansätze zur Normlokalisierung und -übersetzung mit der Anpassung oder auch Zurückweisung von Normen durch lokale Akteure, dass Adressat*innen nicht zwingend passiv sind. Auch die Ansätze zu Normerosion und Normsterben belegen eine eindeutig größere Agency als es binäre Vorstellungen zulassen und eröffnen ein Spektrum, das auch die "agency of the governed" und deren Varianz betont (Draude 2017). Dabei beteiligen sich Akteure mit unterschiedlicher Intention in Normdynamiken: Sie bewerkstelligen die Reinterpretation globaler Normen vor einem lokalen Hintergrund, hinterfragen die Normanwendung in konkreten Situationen oder setzen sich aktiv gegen internationale Normen zur Wehr.

Um diese Varianz von Akteuren und ihren Aktivitäten in Normdynamiken besser unterscheiden und verstehen zu können, werden im Folgenden die verschiedenen Rollen von Akteuren vorgestellt. „Rolle" meint dabei grundsätzlich eine Funktion innerhalb eines Systems oder – konkreter – eine soziale Erwartung an individuelles Verhalten. In der

Normenforschung hat es sich etabliert, von verschiedenen Rollenbildern zu sprechen, um unterschiedliches Verhalten oder bestimmte Funktionen in Normdynamiken zu typologisieren. Tab. 5.1 trägt diese Rollen auf einem Spektrum ab, das von einer eindeutigen Unterstützung von Normen bis zu ihrer Ablehnung und der aktiven Verhinderung von Normimplementation reicht. Demnach verhalten sich Akteure unterschiedlich zum aktuellen normativen Status quo und nutzen dazu auch verschiedene Strategien und Instrumente.

5.1.1 Rollenbilder zur Veränderung des normativen Status quo

Innerhalb des Spektrums möglicher Rollen in globalen Normdynamiken gibt es nur zwei Rollenbilder, die uneingeschränkt auf die Veränderung des normativen Status quo abzielen: Die bereits bekannten Normunternehmer*innen sowie Akteure, deren Rollenbild hier Normunterstützer*innen genannt wird.

Normunternehmer*innen sind die Triebkräfte normativen Wandels. Wie im *Norm Life Cycle* oder im Spiralmodell deutlich wurde, sind sie es, die in der aktuellen Praxis ein normatives Problem sehen und dementsprechend neues Verhalten vorschlagen. Dabei sind sie ihren normativ-moralischen Idealen verpflichtet, die sie kollektiv als angemessenes Verhalten zu verankern suchen. Nadelmann (1990, S. 482) nennt diese Akteure daher "moral entrepreneurs", weil sie ein moralisch geprägtes Motiv antreibt, aber auch, weil sie moralische Verpflichtungen begründen wollen. Um den Status quo zu verändern, können Normunternehmer*innen unterschiedliche Strategien und Instrumente nutzen, die sich grob in anwaltschaftliche und organisatorische Aktivitäten unterteilen lassen. Organisatorische Aktivitäten zielen auf die Vernetzung mit anderen Akteuren, insbesondere zivilgesellschaft-

Tab. 5.1 Spektrum von Rollenbildern für Akteure in Normdynamiken. (Quelle: Eigene Darstellung)

Positionierung gegenüber normativem Status quo	Rolle	Motivation	Strategien und Instrumente
Status quo verändern	Normunternehmer*innen ("norm maker")	Normativen Wandel herbeiführen	Überzeugen durch Framings sowie sozialer Druck durch Shaming Koalitionen über organisatorische Plattformen schmieden
	Normunterstützer*innen, Normverstärker*innen	Normativen Wandel unterstützen oder beschleunigen	Normumsetzung durch Implementation, als Vorbild bei der Umsetzung führen
Ambivalent gegenüber Status quo	Normadressat*innen ("norm taker")	Normativen Druck reduzieren	Rhetorische Übernahme von Normen, aber zunächst nur taktische Konzessionen in der Praxis
	Normanfechter*innen	Normen eindeutiger oder legitimer machen	Anwendungskontestation zur Erhöhung der Spezifität, proaktive Kontestation zur Erhöhung von Repräsentativität und Legitimität
	Normübersetzer*innen	Globale und lokale Normen in Relation zueinander setzen und neue Potenziale ermitteln	Übersetzung als Translation und Transformation sowie Interaktion zwischen Normen auf lokaler und globaler Ebene ermöglichen

Status quo verteidigen	Normlokalisier*innen	Anschlussfähigkeit globaler Normen an lokale Praxis herstellen	Kongruenz über "grafting" herstellen Lokale Normativität im Zweifelsfall bevorzugen
	Normantipreneur*innen	Aktuelle normative Ordnung aktiv gegen Neuerungen verteidigen	Überzeugen durch Framings sowie sozialer Druck durch Shaming Koalitionen über organisatorische Plattformen schmieden
	Normsaboteur*innen	Normativen Wandel lähmen und weitere Implementation sabotieren	Rhetorische Delegitimierung, aktive Blockade von Normunterstützer*innen, Vernebelung von Fakten

lichen Organisationen, die sich mit derselben Thematik beschäftigen. Daraus können sich formale Netzwerke entwickeln, aber Vernetzung kann auch innerhalb bestehender internationaler Institutionen wie Konferenzen oder Organisationen stattfinden, die dann als organisatorische Plattformen genutzt werden. Jenseits dieser „strategischen Allianzbildung" (Wunderlich 2018, S. 120), umfasst die Themenanwaltschaft ("advocacy") von Normunternehmer*innen weitere Aktivitäten: Wie Finnemore und Sikkink (1998, S. 897) festhalten, nutzen Normunternehmer*innen zur Darstellung ihres Anliegens sogenannte Frames, also sprachliche Rahmungen, die das zugrunde liegende Problem in einen spezifischen Kontext setzen und es dadurch als normative Frage fassen. Frames sind somit ein Instrument, um Normadressat*innen sowohl kognitiv als auch emotional anzusprechen (Rosert 2019c, S. 137–138). Dazu müssen die Frames insofern diagnostisch sein, als dass sie das Problem kommunizieren, aber auch prognostisch, um Lösungen – etwa Verhaltensänderungen – auszuweisen. Schließlich benötigen Frames motivationale Komponenten, mit denen an die Adressat*innen appelliert werden kann (Wunderlich 2018, S. 134). Normunternehmer*innen gehen beim Framing strategisch vor, weil sie durch die Herstellung von Anschlussfähigkeit an die Adressat*innen die politische Resonanz ihrer Frames zu steigern hoffen (Rosert 2019c, S. 139). Schließlich verbreiten Normunternehmer*innen ihr Frame durch zwei komplementäre Strategien, die einerseits argumentative Überzeugungsarbeit und andererseits sozialen Druck nutzen, um bei den Adressat*innen eine Übernahme des Frames und der dahinter liegenden Norm zu erreichen. Während die erste Strategie darauf setzt, dass Normadressat*innen den neuen Angemessenheitsstandard tatsächlich anerkennen, weil dessen moralische Qualität sie überzeugt (Finnemore und Sikkink 1998, S. 914), zielt die zweite Strategie auf eine zunächst strategisch bleibende Anerkennung: Durch ein Anprangern von normativ falschem Verhalten oder der Nicht-Anerkennung normativer Frames setzen Normunternehmer*innen auf Naming, Blaming und Shaming, um Adressat*innen unter „Rechtfertigungs- und Anpassungsdruck" zu setzen (Liese 2006, S. 104).

Normunterstützer*innen sind Adressat*innen von Normunternehmertum, allerdings nicht die vorrangig angesprochenen. Es kann sich bei ihnen um Staaten handeln, die offen für normativen Wandel sind und ihn bislang nicht propagiert haben, aber auch um andere NGOs, Internationale Organisationen (IOs) oder Städte, die die Aktivitäten von Normunternehmer*innen unterstützen möchten. Rosert (2019c, S. 140) nennt diese Akteure auch Mobilisierungsadressat*innen, was aber nur einen Teil der Unterstützung abbildet, den diese Akteure bereitstellen: Normunterstützer*innen übernehmen nicht nur neue Frames und lassen sich von der Angemessenheit neuer Normen überzeugen, sondern das Rollenbild beinhaltet auch, dass sie neue Normen aktiv in die politische Praxis umsetzen. Somit kann sich eine gewisse Arbeitsteilung ergeben, bei der Normunternehmer*innen bei weiteren Akteuren für die neue Norm werben, während Unterstützer*innen schon mit gutem Vorbild bei der Implementation der Norm vorangehen. In solchen Fällen verstärken sie sogar die Norm, indem sie durch ihr Leadership in der Umsetzung eine gewisse Dynamik bei weiteren "peers" auslösen, die sich unter Zugzwang gesetzt sehen. In den letzten Jahren wurden unter anderem Städte konkret als Normverstärker ausgemacht (Jakobi und Loges 2022).

5.1.2 Rollenbilder mit Ambivalenz gegenüber dem normativen Status quo

Akteuren, deren Handeln durch die Rollenbilder im Folgenden repräsentiert wird, sind Normen oder normativer

Wandel nicht egal, jedoch sind sie weder per se für normativen Wandel noch schließen sie ihn kategorisch aus. In welche Richtung diese prinzipielle Ambivalenz im konkreten Fall aufgelöst wird, hängt von verschiedenen Faktoren jenseits der Rolle ab, zu denen strategische Überlegungen, die Perzeption der Situation und die individuellen Möglichkeiten zur Beeinflussung des Wandels gehören. Dabei reicht das Rollenspektrum von Normadressat*innen, die auf einen problematischen Umgang mit Normen angesprochen werden, über Normanfechter*innen, die auf Anwendungsprobleme oder Partizipationslücken von Normen hinweisen, bis hin zu Normübersetzer*innen, die Normen auf ihrem Weg von globaler zu lokaler Ebene (oder zurück) als veränderbar wahrnehmen, sodass letztlich neue normative Vorstellungen jenseits der ursprünglichen Norm entstehen können.

Klassische *Normadressat*innen* oder "norm taker" sind üblicherweise Staaten, die eine neue Normen noch nicht akzeptieren oder eine bestehende Norm verletzen. Sie sind die Akteure, an die sich Normunternehmer*innen mit ihren Frames und Strategien vorrangig wenden. In den beiden klassischen Phasenmodellen des Norm Life Cycle und der Menschenrechtsspirale werden Adressat*innen als rationale Akteure dargestellt, die sich instrumentell auf Normen einlassen. Im Laufe eines Sozialisationsprozesses verfangen sie sich jedoch in taktischen Konzessionen und strategischer Rhetorik und werden in eine Interaktion gezogen, an deren Ende oftmals doch die Normübernahme steht. Obgleich sie das Motiv umtreibt, normativen Druck seitens der Normunternehmer*innen zu reduzieren sowie den Status quo beizubehalten (Risse und Sikkink 1999, S. 12), können oder wollen sie normativen Wandel nicht verhindern. Allerdings ist es genau diese Annahme über Normadressat*innen und ihre Offenheit für Wandel bei wachsendem politischem Druck, die von anderen Autor*innen hinterfragt wurde. Wenn Normadressat*innen prinzipiell strategisch motiviert Handeln können, dann stehen ihnen auch weitere Handlungsalternativen offen: Konkret ist somit auch das gesamte Spektrum von ablehnenden Aktivitäten denkbar, entsprechende Rollenbilder werden weiter unten vorgestellt.

Normanfechter*innen soll jenes Rollenbild genannt werden, das die Kontestations- und Robustheitsforschung ihren Akteuren zuschreibt (Deitelhoff und Zimmermann 2019, 2020; Wiener 2014, 2018). Auch wenn Normkritiker*innen vielleicht der eingängigere Name wäre, trifft er nicht zwingend das Motiv der hier beschriebenen Rolle. Kontestierende Akteure stellen bestimmte Aspekte der Norm infrage, kritisieren sie aber nicht rundweg: So hinterfragt die Anwendungskontestation lediglich, ob die betreffende Norm tatsächlich auf den vorliegenden Fall angewendet werden kann und soll. Dieser Kontestation geht es somit vorrangig um die Steigerung der Spezifität, was der generellen Robustheit einer Norm nicht abträglich sein muss (Deitelhoff und Zimmermann 2020). Auch in der proaktiven Kontestation (Wiener 2014) wird die Bedeutung einer Norm hinterfragt sowie die Repräsentation von Betroffenen in der Bedeutungsfindung kritisch reflektiert. Damit thematisieren beide Fälle von Kontestation nicht eine radikale Infragestellung der Norm an sich, sondern eine Auseinandersetzung mit Situationen der Normanwendung oder -etablierung. Aus diesem Grund wird weder der normative Status quo als veränderungswürdig erachtet noch eine Norm mit dem Verweis auf die Erhaltung des aktuellen Status quos abgelehnt. Stattdessen bleiben Normanfechter*innen ambivalent gegenüber Normen und normativem Wandel. Ob sie ihre Kritik ggf. radikalisieren oder nicht, hängt davon ab, wie mit ihren Einwänden umgegangen wird: Werden Partizipationsräume vergrößert oder die Spezifität von Normen erhöht, ermöglicht dies eine Stabilisierung von Normen. Bleibt dies aus, kann aus Kontestation auch tatsächliche Ablehnung oder Opposition werden (Deitelhoff und Zimmermann 2020, S. 71). Obgleich Anfechter*innen in der Literatur nicht explizit so genannt werden, hält das Rollenbild aber typisches Akteurshandeln systematisch fest.

*Normübersetzer*innen* transferieren globale Normen in neue, zumeist lokale Kontexte. Dieses Rollenbild findet sich in der Übersetzungs- und Translationsliteratur häufig, obgleich es dort nicht explizit so genannt wird, weil der Fokus dieser Ansätze auf Situationen und Prozessen von Normdynamiken liegt. Letztlich vermitteln Normübersetzer*innen zwischen verschiedenen Ebenen normativer Kontexte. Translation darf hier nicht als eine einfache Übersetzung verstanden werden, die in diesen global-lokalen Interaktionen kaum möglich ist, sondern verbindet den Transport von Bedeutung mit deren Transformation (Berger und Esguerra 2018, S. 1). Es entsteht somit eine normative Vorstellung, die zwar auch eine eindeutige Hierarchie von Normen reproduzieren kann, aber viel wahrscheinlicher ein Amalgam gegenseitiger Bereicherung darstellt (Zwingel 2012, S. 124). Zudem ergibt sich durch die Interaktion der Ebenen, dass Normübersetzung nicht nur lokal wirkt, sondern die „übersetzte" Norm auch globale Effekte freisetzt (Zimmermann 2017b). Die Aktivitäten von Normübersetzer*innen zielen also darauf ab, Übersetzung als Translation und Transformation sowie Interaktion zwischen Normen auf lokaler wie globaler Ebene zu ermöglichen. Dabei sind sie insofern ambivalent gegenüber dem normativen Status quo, als sie die lokale oder die globale Norm weder prinzipiell erhalten noch verändern möchten. Stattdessen hängen empirisch beobachte Translationsergebnisse von einer Vielzahl kontextueller Faktoren ab.

5.1.3 Rollenbilder zur Verteidigung des normativen Status quo

Schließlich repräsentieren die Rollenbilder am anderen Ende des Spektrums unterschiedliches Akteurshandeln, das entstehende oder neue internationale Normen ablehnt und stattdessen versucht, den normativen Status quo beizubehalten, zu verteidigen oder einen Status quo ante wieder herzustellen. Es handelt sich also um „Widerstandspraktiken" (Wunderlich 2018, S. 103), deren Motiv es ist, die Geltung bestimmter Normen zurückzuweisen und dazu die Strategien von Normunternehmer*innen zu nutzen, um alternative Ziele zu erreichen. Auffällig ist, dass es zu diesen Rollen des Spektrums die eindeutigsten Konzeptualisierungen gibt, etwa zu Antipreneur*innen oder Saboteur*innen.

*Normlokalisierer*innen* zielen darauf, die Normativität der lokalen Ebene vor globaler Dominanz zu schützen. Obgleich die Lokalisierungsliteratur die Funktion von Akteuren innerhalb von Normdynamiken stark thematisiert, benennt sie die Rolle von lokalen Akteuren nicht eindeutig. Dennoch war diese Literatur eine der ersten, die Normadressat*innen als mit eigener, umfassender Agency ausgestattet wahrnimmt. Wie sie empirisch zeigt, können lokale Akteure aktiv daran arbeiten, Normen vor Ort anschlussfähig zu machen, also Kongruenz zwischen lokalen und nicht-lokalen Normen herzustellen, die als kulturellhistorisch fremd wahrgenommen werden (Acharya 2004, S. 241; Capie 2008, S. 639–640). Auch wenn angenommen wird, dass Normen in der Praxis weder gänzlich akzeptiert noch komplett abgelehnt werden, ist dabei die Richtung der Auflösung des Spannungsfeldes zwischen lokaler und nicht-lokaler Normativität eindeutiger als in der Translationsliteratur: Lokale Akteure versuchen vorrangig, eine

Anschlussfähigkeit an bestehende lokale Normen im Sinne einer Veredelung ("grafting") herzustellen (Acharya 2004, S. 245). Nicht zuletzt liegt diese Bevorzugung lokaler Normen und Praktiken auch darin begründet, dass Normlokalisier*innen sich einen für sie positiven Effekt von einer Anpassung an globale Normen versprechen. Lokalisierung kann die Legitimität oder das Renommee von Lokalisierer*innen steigern, weil sie lokale Praktiken und Traditionen angesichts globaler Normen zu schützen versuchen (Acharya 2004, S. 247–248). Genannte Beobachtungen verdichten sich nochmals bei Normsubsidiarität (Acharya 2011).

Normantipreneur*innen werden bewusst als Gegenstück zu "entrepreneurs", also Normunternehmer*innen, in die Normenforschung eingebracht, denn: Normantipreneur*innen nutzen dieselben Strategien und Instrumente wie Normunternehmer*innen, sie treibt aber die Ablehnung gegenüber neuen Normen an. Normantipreneur*innen zielen explizit darauf ab, den normativen Status quo zu erhalten (Bloomfield 2016, S. 312). Anders als Normunternehmer*innen jedoch, die einen neuen Frame zur Formulierung ihres Problems konstruieren müssen, können sie einfach den Status quo verteidigen, indem sie die normative Notwendigkeit, die "entrepreneurs" sehen, als übertrieben kennzeichnen. Zugleich können sie das Vorgehen der Normunternehmer*innen als naiv oder die Effekte der Norm als normativ falsch diskreditieren (Bloomfield 2016, S. 323). Außerdem profitieren "antipreneurs" auch von zwei taktischen Vorteilen: Sie können sich gegen die Anerkennung von Präzedenzfällen rhetorisch zur Wehr setzen, was die Geltung von Normen aus Sicht des Völkerrechts schmälert, und sie können auf verschiedenen Ebenen als Vetospieler*innen auftreten, die die Umsetzung neuer Normen blockieren (Bloomfield 2016, S. 323–324). Gerade hier zeigt sich aber auch die Wichtigkeit des zeitlichen Kontextes: "antipreneurs" wie "entrepreneurs" nutzen sogenannte "windows of opportunity", also Gelegenheitsfenster in Krisen- oder Umbruchsituationen, um ihre Strategien und Taktiken zu nutzen. Wie Beispiele von "antipreneurship" in Fällen der Responsibility to Protect (R2P) oder des Walfangverbots zeigen, sind Widerstandspraktiken nicht nur verbreitet, sondern weisen auch ein sehr unterschiedliches Spektrum von Akteuren (westlich, nicht-westlich) und Motivationen (inhaltliche Kritik, politische Opposition) auf, die aber zumindest teilen, dass sie einen Beibehalt des normativen Status quo beabsichtigen und deshalb tätig werden.

Normsaboteur*innen streben danach, die (weitere) Implementation von bereits etablierten Normen aktiv zu behindern. Anders als Normantipreneur*innen geht es ihnen also um einen normativen Backlash, nicht um Gegenwehr angesichts einer entstehenden neuen Norm. Obwohl ihr Interesse auf der nationalen Ebene liegt, setzen sie dennoch ideelle wie materielle Ressourcen auf der regionalen wie globalen Ebene zur Durchsetzung dieses Interesses ein (Schneiker 2021, S. 107). Sie bemühen sich, die Implementation durch andere Staaten zu vereiteln und nutzen dazu Strategien der Überzeugung, der Blockade, aber auch einer bewussten Vernebelung von Fakten (Schneiker 2021, S. 110). Normsaboteur*innen delegitimieren die genannten Normen rhetorisch und versuchen, sie durch symbolische Austrittsüberlegungen, bewusste Nichtbesetzung von relevanten Stellen in internationalen Gremien, aktive Koalitionsbildung mit Gleichgesinnten oder durch nationale Gesetzgebung zu blockieren. Zugleich beabsichtigen Akteure, Normen zu sabotieren, indem sie etwa Asymmetrien von Informationen oder die Ambiguität von Normen strategisch nutzen. Aber auch das Erwecken des Anscheins der Normeinhaltung bei gleichzeitigem Hintergehen des Angemessenheitsstandards fällt in den Bereich des bewussten Verschleierns (Schneiker 2021, S. 116).

5.2 Das Spektrum von Akteuren in globalen Normdynamiken

Wie bereits in den vorherigen Kapiteln deutlich wurde, ist die Normenforschung aus einem Interesse an den Effekten von Normen für die internationale Politik entstanden. Dabei wurden Staaten oft als Akteure gekennzeichnet, für die Normen und normative Dynamiken zunächst Irritation, wenn nicht gar Probleme darstellten, weil sie ihren Präferenzen entgegenstehen. Nicht immer wurde die zumeist von NGOs betriebene Vertiefung der Menschenrechte, Beschränkung von Waffen und der Schutz der Umwelt von allen Staaten gleichermaßen unterstützt. Deshalb hat sich die Normenforschung vor allem zu Beginn mit zivilgesellschaftlichen Akteuren oder IOs als Impulsgeber für normativen Wandel beschäftigt und Staaten als Adressaten für Normunternehmertum betrachtet. Wie die folgenden Ausführungen zeigen, hat sich mittlerweile nicht nur das Spektrum der analysierten Akteurstypen in Normdynamiken erweitert, sondern auch die Muster zwischen Akteurstyp und Rolle erscheinen nicht mehr so eindeutig.

Lange Zeit galten Staaten vorrangig als Adressaten von Normunternehmer*innen, die mittels Überzeugung und sozialem Druck einen Sozialisationsprozess in Gang bringen wollten, bei dem der Staat sein aktuelles Vorgehen ändert, weil ihm entweder eine normativ nicht angemessene Praxis unterstellt oder die Verletzung bestehender Normen vorgeworfen wurde. Dass Staaten als Adressaten thematisiert werden, liegt vor allem an strategischen Gründen: Als einzige Akteursgruppe haben sie die Kompetenzen, Normen zu implementieren und damit verbindlich umzusetzen. Somit ist ihre Anerkennung von Normen für deren Etablierung und Durchsetzung zentral. Auch kommt ihnen großes Potenzial für eine internationale Normunterstützung zu, weil sie anderen Staaten gegenüber als "peers" auftreten können und auch Zugang zu relevanten Foren haben. Die Forschung zeigt dazu ein großes Spektrum und kann festhalten, dass selbst Großmächte wie die USA – so sie nicht durch ihre Macht ungewünschten Normenwandel verhindern können – in normative Ordnungen eingebunden sind und auch auf unliebsame Normen reagieren müssen (De Nevers 2007). Eines der prominentesten Beispiele für Prozesse der Normdiffusion gegen die Interessen von Großmächten ist mit Sicherheit die Einrichtung des ICC (Deitelhoff 2006). Über die Zeit hat sich zudem eine Forschung zu Staaten als expliziten Gegnern internationaler Normen etabliert: Empirisch lehnen sie Normen in unterschiedlicher Weise ab, indem sie sie zum Beispiel kontestieren, sabotieren oder in ihrer Bedeutung so zu verändern suchen, dass das eigene Handeln normkonform erscheint. Wie Forschung herausarbeitet, parodiert z. B. Russland internationale Normen in Bezug auf die R2P, Selbstverteidigung oder Referenden (Burai 2016) und zielt dabei auf die normative Aushöhlung der liberalen internationalen Ordnung bei gleichzeitiger Verfolgung russischer Interessen (Bettiza und Lewis 2020). Auch China nutzt zum Beispiel eigene Frames in den internationalen Menschrechtsinstitutionen, um die globalen Normen möglichst mit der eigenen Praxis vereinbar zu machen (Zhang und Buzan 2020; Dukalskis 2023).

Demgegenüber wird die Rolle von Mittelmächten oftmals einem progressiven Normunternehmertum zugeordnet. Diese mittelgroßen Staaten setzen sich – oft in Koalitionen – regelmäßig für neue Normen ein. Weil diese Staaten nicht nur untereinander gemeinsame Ideen und Ideale haben, sondern diese auch mit zivilgesellschaftlichen Akteuren teilen, werden sie in der Literatur auch als "like-minded states" bezeichnet, die von Normunternehmer*innen oftmals als Unterstützer adressiert werden. Einige dieser Staaten haben bereits auch diesbezügliche Identitäten aufgebaut, die eine Unterstützung neuer, insbesondere humanitär geprägter Normen eher wahrscheinlich macht (Ingebritsen 2002; Carpenter 2016). Zudem werden auch kleine Staaten aus normtheoretischer Sicht untersucht und oft als Normunternehmer diskutiert, deren Thema eng mit den eigenen Erfahrungen verbunden ist. So ist es zum Beispiel Inselstaaten über die Labels der "small island developing states" oder der "small and vulnerable economies" in verschiedenen IOs gelungen, Normen in der internationalen Klimapolitik zu verankern, die die Bedrohung kleiner Inselstaaten durch den Klimawandel angemessen thematisiert (Corbett et al. 2019). Schließlich verweist Normenforschung darauf, dass der Globale Süden nicht zwingend als Normadressat*in gelten darf, sondern dass stattdessen auch Normen „from below" diffundieren können, zum Beispiel im Bereich rechtlich festgeschriebener Geschlechterquoten, die in einigen Staaten im Globalen Süden weitaus früher als im Globalen Norden etabliert wurden (Towns 2012). Zugleich ändern Staaten ihre Rollen nicht nur in verschiedenen Politikfeldern, sondern, wie die Haltung mehrerer afrikanische Staaten gegenüber der im ICC institutionalisierten Norm der internationalen Ahndung von Straftaten zeigt, können sich Rollen auch bezüglich derselben Norm über die Zeit wandeln (Mills und Bloomfield 2017; Bower 2019). Auch anderen Vorurteilen und Stereotypen setzt die Normenforschung empirische Analyse entgegen: So konnte Forschung am Beispiel des Iran herausarbeiten, dass ein als „Schurkenstaat" stigmatisierter Akteur zugleich Normunternehmer sein kann (Wunderlich 2018).

Zunehmend wird auch für *zivilgesellschaftliche Organisationen* oder *NGOs* untersucht, wie diese nicht nur als Normunternehmer*innen, sondern als Saboteur*innen oder Antipreneur*innen auftreten. So lässt sich in den letzten Jahren bei konservativen oder religiösen NGOs beobachten, dass sie etwa die Rechte von (sexuellen) Minderheiten in Abrede stellen (Symons und Altman 2015). Zugleich zeigt sich, dass NGOs zeitweilig selbst Normadressat*innen werden, wenn sie Normen implementieren sollen, die wie z. B. Rechenschaftspflichten auf externen Erwartungen basieren oder die unter Umständen auch ihre eigenen Normaktivitäten erschweren, wie etwa die Umsetzung von Sicherheitskonzepten bei eigentlich humanitären Einsätzen (Schneiker und Dany 2018).

Internationale Organisationen (IOs) spielen in der Normenforschung zunächst als organisationale Plattformen eine Rolle, das heißt als Orte, die andere Akteure wie zum Beispiel Staaten oder NGOs nutzen, um sich zu organisieren und ihre Kampagnen umzusetzen (Finnemore und Sikkink 1998, S. 899–901). Rein quantitativ sind Studien in der Mehrzahl, die IOs als Foren von Normdynamiken diskutieren: Dazu gehören Untersuchungen zu den Debatten um den normativen Status der R2P im Sicherheitsrat (Loges 2013), zum Streit um LGBTQI*-Rechte im UN-Menschenrechtssystem (Symons und Altman 2015) oder zu Fragen nach den Vor- und Nachteilen bestimmter Institutionen und dem damit verbundenen "forum shopping" von Normakteuren (Coleman 2011). Studien, die IOs als Akteure in globalen Normdynamiken thematisieren, unterstreichen zumeist das Potenzial von IOs und ihren Bürokratien, Themen oder auch Standards zu setzen und damit zur Verbreitung von Normen beizutragen: Sowerden etwa IOs als „Lehrer" von Normen beschrieben (Finnemore 1993). Insgesamt beruht die Agency von IOs in solcher Forschung nicht zwingend auf materiellen Anreizen und Sanktionen, sondern ihre Autorität basiert auf Informationsbereitstellung und Unterstützungsleistung, die sie durch Blaming und Shaming an eine Angemessenheitslogik koppeln. Somit entsprechen diese Aktivitäten zumeist der Rolle von Normunterstützer*innen. Ob sie einen Beitrag zu ablehnenden Praktiken der Normverweigerung oder -sabotage leisten, bleibt hingegen empirisch offen.

Auch *transnationale Unternehmen* (TNU) sind als Wirtschaftsakteure in normative Dynamiken eingebettet und müssen sich zu diesen verhalten. Allerdings sind sie erst spät und auch eher randständig auf die Forschungsagenda der Normenforschung gekommen. Ähnlich wie Staaten galten TNU lange eher als Teil des Problems, also als Verteidiger von älteren Angemessenheitsstandards, und daher als potenzielle Normadressat*innen. Mittlerweile liegt aber auch Forschung zu TUN vor, die ausweist, welchen Beitrag sie auch zur Normentwicklung oder gar als Normunternehmer*innen leisten können (Flohr et al. 2010).

Schließlich können auch *Individuen* essenziell für normativen Wandel oder dessen Verhinderung sein. Bereits Finnemore und Sikkink (1998, S. 897) zeigen, dass internationale Normdynamiken maßgeblich auf individuelle Normaktivisten*innen zurückführbar sind und nennen die Suffragetten als Pionierinnen der Frauenwahlrechtsbewegung oder Henri Dunant als Initiator der Rotkreuzbewegung. Obgleich die Literaturlage zu Individuen in Normdynamiken noch dünn ist, gibt es doch Studien, die die Rolle von Einzelpersonen wie Francis Deng beleuchten, der als UN-Sonderbeauftragter den besonderen Schutz von Binnenflüchtlingen als Norm innerhalb der UN zu verankern half (Bode 2014), oder von internationalen Kommissionen und ihrem Normunternehmertum bei der R2P (Madokoro 2019). Noch rarer sind normtheoretische Studien zu Individuen jenseits der Norminitiierung, jedoch verweist Forschung auch konkret auf Donald Trump als Normsaboteur (Schneiker 2021).

5.3 Fazit

Der Überblick zu Akteuren und ihren Rollen in Normdynamiken hat unterstrichen, dass Akteure stets mit internationalen Normen umgehen müssen. Weil Normen immer abstrakter und mehrdeutiger sind, als es praktisch hilfreich wäre, und weil es in vielen Situationen auch mehr als eine Norm gibt, die zur Anwendung kommen könnte, wird eine Wahl seitens der Akteure nötig: Akteure müssen somit entscheiden, ob sie bestimmte Normen an- und übernehmen, sie implementieren, sie übersetzen oder anpassen, zurückweisen, nicht beachten oder Gegenvorschläge machen. Wie die bisherigen Ausführungen gezeigt haben, hat diese Entscheidung auch mit dem Selbstverständnis der Akteure und ihrer Handlungslogik zu tun. Dabei hat das vorliegende Kapitel das Spektrum von Aktivitäten aufgezeigt, Akteurshandeln konzeptionell in Rollenbilder gebündelt und schließlich Akteurstypen und ihren Beitrag in Normdynamiken systematisiert.

Dabei haben sich nicht nur die Konzeptionen von Akteuren in Normdynamiken aufgrund neuer Analysen ausdifferenziert, sondern es zeigt sich auch, dass die Rollen innerhalb der Normdynamiken zunehmend uneindeutig werden. Durch die empirische Beschäftigung mit Normdynamiken und deren konzeptioneller Spiegelung haben sich Rollen als auch deren stabile Zuschreibung zu bestimmten Akteurstypen pluralisiert. Waren es in frühen Studien zunächst oft nicht-staatliche oder kollektive Akteure wie NGOs oder IOs, die als Normunternehmer auftraten und dabei zumeist an Staaten als Normadressaten herangetreten sind, wird dies zunehmend differenzierter untersucht. Staaten können ebenso als *norm entrepreneurs* fungieren, wie auch NGOs die Rolle von *norm antipreneurs* übernehmen. Mit anderen Worten: Zunehmend untersucht Normenforschung unterschiedliche Akteure in wechselnden Rollen mit variierenden Aktivitäten. Zugleich hat diese Flexibilisierung auch Auswirkungen auf die Art und Weise, wie Normdynamiken konzeptualisiert werden. Einen gewichtigen Anteil daran, Normadressat*innen als Akteure mit unterschiedlichen Handlungsoptionen jenseits der simplen Normübernahme wahrzunehmen, hat insbesondere die Forschung zu Lokalisierung, Übersetzung und Kontestation. Durch ihre gemeinsame Perspektive auf Veränderungen, Brüche und Alternativen in der Normdiffusion hat sie alternative Aktivitäten erst sichtbar gemacht.

6

Ausblick

Wer in ein Wissensgebiet einführen möchte, muss sich für eine bestimmte Form der Vorstellung entscheiden, obgleich es immer Alternativen gibt: Ich hätte Ihnen die Normenforschung chronologisch, über Generationen innerhalb des Forschungsfeldes oder über die Unterscheidung einer konventionellen von einer kritischen Forschung näherbringen können. Weil es meines Erachtens aber weder die klaren chronologischen noch inhaltlich-theoretischen Grenzen gibt, war es mein Ziel, Ihnen die Normenforschung als ein plurales Feld vorzustellen, in dem sich Forscher*innen aus verschiedenen Perspektiven und Wissenschaftsverständnissen mit unterschiedlichen Fragestellungen beschäftigen. Der Preis für eine solche Darstellung ist aber, dass sie auf einige wie ein Mosaik wirkt, für andere wie ein Scherbenhaufen. Um erneut die großen Linien zu unterstreichen, werden im Folgenden die Debatten gebündelt und Gemeinsamkeiten wie Unterschiede verschiedener Ansätze in der Normenforschung benannt.

6.1 Ausdifferenzierung und Pluralismus in der IB-Normenforschung

Die Normenforschung interessiert generell, wie Normativität in die Welt kommt und weshalb bzw. wie sich bestimmte Lesarten des Normativen durchsetzen, während andere verworfen, ausgeblendet oder stigmatisiert werden. Somit teilen alle Ansätze, dass sie Normen und Normativität als relevant für globale Politik erachten und die IB sich deshalb mit ihnen beschäftigen muss. Auch wenn die rationalistische Kooperationsforschung bereits Normen mitgedacht hat, war es erst ihre konstruktivistische Wendung, die verschiedene Wirkungspfade, Akteursrollen und Normeffekte nicht nur empirisch erhoben, sondern auch konzeptionell etabliert hat. Dazu nutzte sie Konzepte wie Sozialisation und Internalisierung, um kollektive Erwartungen und individuelles Verhalten zu verkoppeln, und betonte die Intersubjektivität von Normen, um normative Orientierung und Ordnung zu erklären. Ausgehend von diesen Grundannahmen hat sich das Feld zunehmend pluralisiert: Bereits die Wirkungspfade haben gezeigt, dass Normenforschung unterschiedliche konzeptionelle und metatheoretische Zugänge nutzt, um Normdynamiken zu analysieren.

Bei dieser Ausdifferenzierung zeigt sich, dass Normenforscher*innen die Effekte von Normen sowie deren Veränderungspotenzial für die globale Politik unterschiedlich beurteilen. So hat seit der frühen Forschung in den 1990er-Jahren die analytische Berücksichtigung politischer Prozesse gleich dreifach zugenommen:

- Erstens befreite sich die Normenforschung von der impliziten Annahme einer Linearität von Normdynamiken. Obwohl stets ein Automatismus in der Diffusion

von Normen abgelehnt wurde, fokussierten frühe Studien auf die beobachtbare Verbreitung, um darüber die Relevanz internationaler Normen zu untermauern. Mittlerweile hat die Forschung gezeigt, dass es nicht nur Alternativen zu gelingender Normdiffusion gibt, sondern politische Prozesse den Weg von Normen empirisch weniger linear erscheinen lassen: Lokalisierung und Translation ermöglichen situative und kontextuelle Anpassung, Normdynamiken können zudem in Sackgassen, zur Erosion oder gar zum Tod von Normen führen. Somit erscheinen Prozesse der Stagnation und Kontestation analytisch ebenso interessant und relevant wie Prozesse der Normdiffusion und -einhaltung.
- Zweitens geht mit diesen Beobachtungen auch eine Betonung von Akteurshandeln in Normdynamiken einher. Nicht Normen als wirkungsmächtige Strukturen „tun" etwas, sondern Akteure in politischen Prozessen verbleiben zentral für die empirische Stärke von Normeffekten. In der Folge haben Normenforscher*innen verschiedene Konzepte formuliert, die die Varianz von Akteurshandeln systematisieren. Die binäre Aufteilung zwischen "norm makers" und "norm takers" darf als überholt gelten, weil die Beziehungen zwischen unterschiedlichen Akteuren empirisch komplexer sind.
- Drittens schließlich wurde auch die normative Eindeutigkeit von Normen kritisiert. Politische Prozesse stellen normative Gewissheiten infrage und thematisieren so Macht und Situiertheit. Während in den 1990er- und 2000er-Jahren oftmals die Verbreitung von universalistischen, implizit oder explizit als „richtig" und „gut" erachteten Normen wie den Menschenrechten im analytischen Fokus standen, sehen spätere Studien diese Eindeutigkeit kritisch und hinterfragen die implizite normative Position dieser Bewertung. Zwar gelangen dadurch nicht zwingend andere Normen in den ana-

lytischen Fokus, aber über die Situiertheit von Forschung und Forschenden wurde die eigene Verwurzelung in bestimmten, oft westlich geprägten Normen offengelegt. Zugleich ergibt sich so die Möglichkeit, blinde Flecken, Machteinschreibungen oder Normalisierungstendenzen zu adressieren.

In Summe hat diese Betonung von politischen Prozessen auch Konsequenzen für Wissenschaftsverständnisse und Methoden. Während sich die frühe Forschung an einem moderaten Konstruktivismus orientierte, der immaterielle Phänomene wie Normen aus einer positivistisch ausgerichteten Perspektive untersuchte, ist das Feld der Normenforschung über die Zeit auch in epistemologischer wie methodischer Sicht pluraler geworden: Stärker interpretativ Forschende tragen durch Perspektiven des machtkritischen Konstruktivismus zur Beschäftigung mit widersprüchlichen Interpretationen der Normbedeutung und der Dekonstruktion der eigenen Normativität und Situiertheit bei (Engelkamp et al. 2021). Zugleich zeigt sich eine zunehmende Fruchtbarmachung von quantitativen Auswertungsmethoden (Girard 2021; Winston 2020) und "large language models", die große Textmengen inhaltsanalytisch auswerten können (Höhne et al. 2023).

Zur Charakterisierung des Pluralismus in der Normenforschung kann daher durchaus die Frage gestellt werden, ob es sich eigentlich noch um *einen* Forschungszusammenhang handelt (Loges 2021). So ließe sich einwenden, dass durch die Multiperspektivität einer pluralen Normenforschung ihre Ergebnisse wenig integrierbar sind, sondern aufgrund unterschiedlicher konzeptioneller wie metatheoretischer Zugänge eher nebeneinanderstehen. Allerdings zeigt die Forschung auch, dass Zusammenarbeit im Pluralismus möglich und gewünscht ist, was nicht zuletzt kollektive Publikationsprojekte belegen.

6.2 Anhaltende Debatten in der IB-Normenforschung

Wie sicher deutlich geworden ist, hat diese pluralistische Normenforschung größere Debatten geführt, die in den letzten Jahren neuen Schwung durch weitere Forschung erfahren haben: Dabei werden insbesondere die notwendige Stabilität von Normen, die Beziehungen zwischen unterschiedlichen Normen und die Mikrofundierung von Normen adressiert. Diese Diskussionen sollen als Ausblick im Folgenden zusammengefasst werden.

Die Frage nach der Definition von Normen und damit einhergehend nach den Annahmen zur Stabilität, die Normen benötigen, um Effekte zu zeitigen, hat sich bereits durch den gesamten Text gezogen. An verschiedenen Stellen ist dabei auf die Unterscheidung zwischen eher formalen Zugängen, die Normen als Dinge betrachten, und eher nicht-essenzialistischen Definitionen verwiesen worden, die Normen als Prozesse verstehen. Diese Differenz aufgreifend, unternehmen aktuelle Beiträge weitere Anstrengungen, um Normen als Phänomen besser zu verstehen. Je nach Zugang rücken andere Fragen zu Normen und ihrer Stabilität in den Fokus der Forschung. Während einige Beiträge mit Problem, Wert und Verhalten drei Bestandteile von Normen explizit benennen (Winston 2018) oder als Voraussetzung für die Wirkung von Normen eine klare Anwendungsperspektive sowie eine eindeutige Adressierung von Akteuren annehmen (Jurkovich 2020), argumentieren andere mit „normativen Konfigurationen" (Pratt 2020) und gehen somit nicht mehr von Normen als Forschungsobjekten aus, sondern verorten Normativität in fortlaufenden Praktiken. Zum anderen wird innerhalb dieser Debatte auch die Frage gestellt, ob Normen ein "shared understanding" zugrunde liegt und ob Konsens im politischen Raum möglich bzw. wahrscheinlich ist oder ob Konflikt als Normalzustand des Politischen erachtet wird. Bereits früh haben die Kontestationsforschung durch *meaning-in-use* oder die machtkritische Normenforschung über die Betonung von Kontext diesen Aspekt herausgestellt. Neuere Beiträge sehen die Funktion von Normen gerade nicht in der stabilen Bereitstellung von Bedeutung oder ihre Effekte an normative Eindeutigkeit gekoppelt, sondern begreifen Ambiguität (*norm ambiguity*) als grundlegende Eigenschaft von Normen, die sich dann in eine Mehrdeutigkeit (*norm polysemy*) in den Interpretationen von Akteuren übersetzt (Linsenmaier et al. 2021, S. 514–518). Aus dieser Perspektive heraus, können Normbedeutungen nie final beschlossen oder ihr „wahrer" Kern erkannt werden, sondern Normen verbleiben im Prozess, was aber zugleich ihre Legitimität und Effektivität steigert (Linsenmaier et al. 2021, S. 522–524). Auch wenn diese Debatten komplex erscheinen mögen, diskutieren sie doch Grundsätzliches für die Normenforschung, indem sie fragen, wie viel Stabilität internationale Normen benötigen bzw. überhaupt bereitstellen können, um Orientierung zu schaffen und Effekte zu bewirken.

Außerdem hat die Thematisierung von Beziehungen zwischen Normen in den letzten Jahren zugenommen. Einerseits ist das die Folge von breiter gedachten Normdefinitionen, andererseits hat sich empirisch gezeigt, dass Normen über ihre Relation zu anderen Normen weitere Effekte haben. Neu ist dabei nicht die Erkenntnis, dass Normen in Beziehungen zu anderen Normen stehen – das haben bereits Finnemore und Sikkink (1998) thematisiert –, sondern, dass die verschiedenen Formen dieser Beziehungen nun explizit konzeptualisiert werden. In der Debatte werden Beziehungstypen und -muster unterschieden, die grundlegend konfliktiv oder synergetisch geprägt sein können. Dabei stellt die Forschung zu Normenclustern vor allem die synergetischen Effekte von Normbeziehungen in den Mittelpunkt: Cluster sind ein Set von unterschiedlichen Normen in einem Politikfeld, die unterschiedlich stark integriert sein können (Lantis und Wunderlich 2018, S. 571).[1] Deshalb werden Normcluster auf einer Mesoebene verortet, zwischen den Einzelnormen auf der Mikro- und normativen Strukturen auf der Makroebene. So entsteht ein dreidimensionaler Raum, in dem sich Normdynamiken wie Kontestation entfalten, aber auch Resilienz aufgebaut werden kann (Lantis und Wunderlich 2018, S. 572).[2] In Normclustern mögen einzelne Normen stark angefochten werden und demnach ihre Robustheit leiden, dies muss aber nicht auf das gesamte Normcluster übergreifen. Im Gegenteil kann das Cluster normatives Beharrungsvermögen steigern: So sind beispielsweise zentrale Normen des nuklearen Nichtverbreitungsregimes – Abrüstung, Nichtverbreitung, friedliche Nutzung von Kernenergie – unterschiedlicher Kontestation ausgesetzt, sie stützen einander aber durch ihre Beziehungen und bilden so Resilienz aus. Demgegenüber betont die Forschung zu Normkollisionen die potenziellen Konflikte zwischen Normen und analysiert, wie Akteure solche Kollisionen aktivieren, indem sie die Inkompatibilität von unterschiedlichen Normen intersubjektiv sichtbar machen und als Anwendungsproblem thematisieren (Gholiagha et al. 2020, S. 295). So haben Akteure z. B. anhand des traditionellen Kokablätterkauens eine Kollision der Normen

---

[1] Anders als Lantis und Wunderlich (2018, 2022) thematisiert Winston (2018, S. 647) Normcluster als eher lockere Sammlung verflochtener Normkomponenten. Auch an diesem Beispiel zeigt sich, dass Normenforschung bisweilen gleiche Begriffe nutzt, um unterschiedliche Dinge zu benennen.

[2] Diese dreidimensionale Betrachtung von Normen als Einzelnorm, Normbeziehungen und normativen Strukturen bildet allerdings nicht nur den Hintergrund für Überlegungen zu Normclustern, sondern wurde auch weiterentwickelt, um unterschiedliche Ebenen des Normativen zu systematisieren und empirische Prozesse von Normdynamiken darin zu verorten (Lantis und Wunderlich 2022).

des Schutzes indigener Rechte mit der internationalen wie nationalen Rechtsnorm des Konsumverbots von Drogen aktiviert (Gholiagha et al. 2020, S. 303–307). Gleiches gilt auch im Bereich der Kinderarbeit, wo durch den Aktivismus von Kinderarbeiter*innen eine Kollision zwischen dem Verbot von Kinderarbeit mit der Norm eines Rechts auf Arbeit festgestellt wurde (Holzscheiter et al. 2022, S. 39–41). Wie die Forschung zeigt, führen Reaktionen auf solche Normkollisionen nicht zwingend zu Lösungen des dahinter liegenden Konflikts: Zwar mögen sie durch eine Hierarchisierung der Normen temporär befriedet werden, sie können sich aber auch in der Praxis verstetigen. Schließlich gehen Studien zu Normkomplexität ("norm complexity") und Normkopplung ("norm linkages") eher agnostisch bezüglich der konkreten Effekte davon aus, dass Akteure das Verhältnis von Normen zueinander, aber auch zwischen Normbestandteilen strategisch rekonfigurieren und dabei hybride oder komplexe Normen bzw. Normkomplexe entstehen können (Fehl 2018, 2023). Somit betont diese Forschung, dass Normen nicht quasi-natürlich in einer Beziehung – konfliktiv oder synergetisch – zueinanderstehen, sondern dies das Ergebnis von spezifischem Akteurshandeln ist (Fehl 2023, S. 755). Zunehmend diskutiert die Normenforschung daher auch in systematisierender Absicht, wie diese Beziehungen und Interaktionen zwischen Normen konzeptionell gefasst werden können (Fehl und Rosert 2020).

Eine letzte aktuelle Debatte thematisiert die Mikrofundierung von Normen und fragt sich, worauf die Normativität von Normen basiert, wobei Normenforscher*innen dazu unterschiedliche Inspirationen aus anderen Disziplinen nutzen, die sich ebenfalls mit Normativität beschäftigen. So gibt es in den letzten Jahren einen verstärkten Bezug auf praxistheoretische Ansätze aus der Soziologie. Nachdem diese Perspektive in unterschiedlichen Ausprägungen längst in den IB angekommen ist (Bueger und

Gadinger 2018), beeinflusst sie auch zunehmend die Erforschung von Normen (Lesch 2017): Studien zeigen, wie Praktiken als Routinen nach und nach zu Normen werden, die nicht nur normal in dem Sinne sind, dass sie regelmäßig aktualisiert werden, sondern darüber hinaus auch normative Effekte zeigen, da sie Erwartungen an das Verhalten von Akteuren ausbilden (Bode und Huelss 2018). Andere Forscher*innen wenden sich eher der Sozialpsychologie oder den Neurowissenschaften zu, um die Normativität von Normen zu konzeptualisieren: Sie stellen mit dem Verweis auf die Moralpsychologie fest, dass die Relevanz von Normen nicht abstrakte Moralvorstellungen berührt, sondern für ihre Einhaltung die Frage relevant wird, welche moralische Nähe zur Norm generell, aber auch zu Betroffenen der Norm besteht (Price und Sikkink 2021; Quissell 2022). In ähnlicher Weise informiert die Schnittstelle zwischen Sozialpsychologie und Neurowissenschaften die Normenforschung auch hinsichtlich der Emotionen, die Normen ihre Wertigkeit verleihen können (Kowert 2012) und deshalb als Grundlage begriffen werden können, weshalb manche Normen durch bestimmte Akteure eher eingehalten werden als andere (Koschut 2018).

Abschließend möchte ich unterstreichen, dass auch angesichts der aktuellen Problemlagen und Krisen – die auch immer normativ sind (Graf et al. 2023) – eine pluralistische Normenforschung produktiv bleibt und Erklärungen zum Umgang mit der Covid-19-Pandemie oder der Klimakrise, zum Krieg Russlands in der Ukraine oder zum Vorgehen im Gaza-Krieg anbietet. Nicht zuletzt finden diese Entwicklungen vor dem Hintergrund einer internationalen Umbruchsituation statt, die schon länger schwelt: In der Krise der liberalen internationalen Ordnung erscheint innerstaatliche, inter- oder transnationale Kontestation durch nationalistische, populistische oder religiöse Akteure allgegenwärtig. Somit stehen die Normativität und

Normalität von Normen, Normbeziehungen und ganzen normative Ordnungen wieder im Mittelpunkt politischen Streits. Wie die Normenforschung belegt, bedeutet das nicht zwingend eine Schwächung von Angemessenheitsstandards, sondern bietet auch eine Möglichkeit zu deren Reproduktion, Rekonfiguration oder Reform. Diesbezüglich hat das Lehrbuch gezeigt, dass die Normenforschung eine konzeptionelle Begrifflichkeit sowie methodische Werkzeuge bereitstellt, wie das Normative im Politischen und das Politische im Normativen analysiert werden kann. Somit hoffe ich, dass auch Sie Ideen bekommen haben, wo dieses Normative entdeckt werden kann und wie Ihnen die Normenforschung ein Angebot zu dessen Analyse macht.

7

Kommentierte Literaturempfehlungen

Finnemore, Martha und Kathryn Sikkink. 1998. International Norm Dynamics and Political Change. *International Organization* 52(4):887–917. Dieser Literaturbericht bleibt ein zentraler Klassiker, der vor allem die Begründung der Normenforschung als Feld in den Internationalen Beziehungen dokumentiert.

Risse, Thomas, Stephen C. Ropp und Kathryn Sikkink (Hrsg.). 2013. *The Persistent Power of Human Rights: From Commitment to Compliance.* Cambridge: Cambridge University Press. Indem er den Klassiker von 1999 aktualisiert, zeigt der Sammelband, welche Entwicklung die Normenforschung durchlaufen hat und wie das Spiralmodell auch unter den Bedingungen der Normkontestation seine Erklärungskraft behält.

Engelkamp, Stephan, Katharina Glaab und Antonia Graf (Hrsg.). 2021. *Kritische Normenforschung in den Internationalen Beziehungen: Neue Wege und metatheoretische Perspektiven.* Baden-Baden: Nomos. Dieser deutschsprachige

Sammelband verdeutlicht die Bandbreite der (macht)kritischen Ansätze und zeigt, wie Aspekte von Normdynamiken durch eine agonale Perspektive sichtbarer werden.

Zimmermann, Lisbeth, Nicole Deitelhoff, Max Lesch, Antonio Arcudi und Anton Peez. 2023. *International Norm Disputes. The Link Between Contestation and Norm Robustness,* Oxford: Oxford University Press. Die breit angelegte Studie analysiert aus der Perspektive der Normrobustheit verschiedene aktuelle wie historische Normdynamiken in vergleichender Perspektive und unterstreicht das analytische Potenzial einer Kontestationsforschung mit deliberativem Wirkungspfad.

Orchard, Phil und Antje Wiener (Hrsg.). 2024. *Contesting the World. Norm Research in Theory and Practice.* Cambridge: Cambridge University Press. Der Sammelband ermöglicht einen Überblick verschiedener Zugänge zur Normenforschung, die allesamt von (zumeist agonal wirkenden) Kontestationsprozessen ausgehen und dabei deren empirische Relevanz in unterschiedlichen Themenfeldern aufzeigen.

Literatur

Acharya, Amitav. 2004. How Ideas Spread: Whose Norms Matter? Norm Localization and Institutional Change in Asian Regionalism. *International Organization* 58(2):239–275.

Acharya, Amitav. 2011. Norm Subsidiarity and Regional Orders: Sovereignty, Regionalism, and Rule-Making in the Third World. *International Studies Quarterly* 55(1):95–123.

Acharya, Amitav. 2016. Advancing Global IR: Challenges, Contentions, and Contributions. *International Studies Review* *18*(1):4–15.

Adler, Emanuel. 2002. Constructivism and International Relations. In *Handbook of International Relations*, Hrsg. Walter Carlsnaes, Thomas Risse, und Beth A. Simmons, 95–118. London: SAGE Publications.

Axelrod, Robert. 1986. An Evolutionary Approach to Norms. *The American Political Science Review* 80(4):1095–1111.

Badescu, Christina G. & Thomas G. Weiss. 2010. Misrepresenting R2P and Advancing Norms: An Alternative Spiral? *International Studies Perspectives* 11(4):354–374.

Bailey, Jennifer L. 2008. Arrested Development: The Fight to End Commercial Whaling as a Case of Failed Norm Change. *European Journal of International Relations* 14(2):289–318.

Bellamy, Alex J. 2009. *Responsibility to Protect*. Cambridge: Polity Press.

Barnett, Michael. 2020. „Social Constructivism." In The Globalization of World Politics, 8th Edition, ed. John Baylis, Steve Smith, and Patricia Owen, 192–206. Oxford: Oxford University Press.

Berger, Thomas & Alejandro Esguerra. 2018. Introduction: The Objects of Translation. In *World Politics in Translation: Power, Relationality and Difference in Global Cooperation*, Hrsg. Thomas Berger & Alejandro Esguerra, 1–21. Abingdon: Routledge.

Berger, Thomas. 2017. *Global Norms and Local Courts: Translating the Rule of Law in Bangladesh*. Oxford: Oxford University Press.

Betizza, Gregorio & David Lewis. 2020. Authoritarian Powers and Norm Contestation in the Liberal International Order: Theorizing the Power Politics of Ideas and Identity. *Journal of Global Security Studies* 5(4): 559–577.

Betts, Alexander & Phil Orchard. 2014. Introduction: The Normative Institutionalization-Implementation Gap. In *Implementation and World Politics: How International Norms Change Practice*, Hrsg. Alexander Betts & Phil Orchard, 1–26. Oxford: Oxford University Press.

Biswas, Shampa. 2021. Postcolonialism. In *International Relations Theories: Discipline and Diversity*. 5th ed, edited by Tim Dunne, Milja Kurki, and Steve Smith. Oxford: Oxford University Press.

Björkdahl, Annika. 2002. Norms in International Relations: Some Conceptual and Methodological Reflections. *Cambridge Review of International Affairs* 15(1):9–23.

Bloomfield, Alan. 2016. Norm antipreneurs and theorising resistance to normative change. *Review of International Studies* 42(2):310–333.

Bode, Ingvild (2014) Storytelling in den Vereinten Nationen: Mahbub ul Haq und menschliche Entwicklung. In: Gadinger,

Frank and Jarzebski, Sebastian and Yildiz, Taylan, eds. Politische Narrative: Ein neuer Analysezugang in der Politikwissenschaft. Springer, 339–362

Bode, Ingvild, and Hendrik Huelss. "Autonomous Weapons Systems and Changing Norms in International Relations." *Review of International Studies* 44, no. 3 (2018): 393–413.

Bower, Adam. 2019. Contesting the International Criminal Court: Bashir, Kenyatta, and the Status of the Nonimpunity Norm in World Politics. *Journal of Global Security Studies* 4(1):88–104.

Bryman, Alan. 2008. *Social Research Methods*. Oxford: Oxford University Press.

Bucher, Bernd. 2014. Acting abstractions: Metaphors, narrative structures, and the eclipse of agency. *European Journal of International Relations* 20(3):742–765.

Bueger, Christian und Frank Gadinger. 2018. *International Practice Theory*. Cham: Macmillan Palgrave.

Burai, Erna. 2016. Parody as Norm Contestation: Russian Normative Justifications in Georgia and Ukraine and Their Implications for Global Norms. *Global Society* 30(1):67–77.

Campbell, David und Roland Bleiker. 2021. Poststructuralism. In *International Relations Theories: Discipline and Diversity*. 5th ed, edited by Tim Dunne, Milja Kurki, and Steve Smith. Oxford: Oxford University Press.

Capie, David. 2008. Localization as Resistance: The Contested Diffusion of Small Arms Norms in Southeast Asia. *Security Dialogue* 39(6):637–658.

Carpenter, R. Charli. 2011. Vetting the Advocacy Agenda: Network Centrality and the Paradox of Weapons Norms. *International Organization* 65(1):69–102.

Carpenter, R. Charli. 2016. Network Relations and Human Security Norm Development: Agenda-Setting and Agenda-Vetting around Collateral Damage Control. In *The New Power Politics: Networks and Transnational Security Governance*, Hrsg. Deborah Avant & Oliver Westerwinter, 41–73. Oxford: Oxford University Press.

Checkel, Jeffrey T. 1997. International Norms and Domestic Politics: Bridging the Rationalist-Constructivist Divide. *European Journal of International Relations* 3(4):473–495.

Checkel, Jeffrey T. 1999. Norms, Institutions, and National Identity in Contemporary Europe. *International Studies Quarterly* 43(1):83–114.

Coleman, Katharina P. 2011. Locating norm diplomacy: Venue change in international norm negotiations. *European Journal of International Relations* 19(1):163–186.

Corbett, Jack, Yi-chong Xu, und Patrick Weller. 2019. Norm entrepreneurship and diffusion 'from below' in international organisations: How the competent performance of vulnerability generates benefits for small states. *Review of International Studies* 45(4):647–668.

Cortell, Andrew P. & James W. Davis, Jr. 2000. Understanding the Domestic Impact of International Norms: A Research Agenda. *International Studies Review* 2(1):65–87.

Crawford, Neta C. 2009. Homo Politicus and Argument (Nearly) All the Way down: Persuasion in Politics. *Perspectives on Politics* 7(1):103–124.

Daase, Christopher. 2013. Die Legalisierung der Legitimität — Zur Kritik der Schutzverantwortung als emerging norm. *Die Friedens-Warte* 88(1/2): 41–62.

De Nevers, Renee. 2007. Imposing International Norms: Great Powers and Norm Enforcement. *International Studies Review* 9(1):53–80.

Deitelhoff, Nicole & Harald Müller. 2005. Theoretical paradise – empirically lost? Arguing with Habermas. *Review of International Studies* 31(1):167–197.

Deitelhoff, Nicole & Lisbeth Zimmermann. 2013. Aus dem Herzen der Finsternis: Kritisches Lesen und wirkliches Zuhören der konstruktivistischen Normenforschung: Eine Replik auf Stephan Engelkamp, Katharina Glaab und Judith Renner. *Zeitschrift für Internationale Beziehungen* 20(1):61–74.

Deitelhoff, Nicole & Lisbeth Zimmermann. 2019. Norms under Challenge: Unpacking the Dynamics of Norm Robustness. *Journal of Global Security Studies*, 4(1):2–17.

Deitelhoff, Nicole & Lisbeth Zimmermann. 2020. Things We Lost in the Fire: How Different Types of Contestation Affect the Robustness of International Norms. *International Studies Review* 22(1):51–76.

Deitelhoff, Nicole. 2006. *Überzeugungen in der Politik: Grundzüge einer Diskurstheorie internationalen Regierens.* Frankfurt am Main: Suhrkamp.

Deitelhoff, Nicole. 2009. The Discursive Process of Legalization: Charting Islands of Persuasion in the ICC Case. *International Organization* 63(1):33–65.

Deitelhoff, Nicole. 2020. What's in a name? Contestation and backlash against international norms and institutions. *The British Journal of Politics and International Relations* 22(4):715–727.

Dixon, Jennifer M. 2017. Rhetorical Adaptation and Resistance to International Norms. *Perspectives on Politics* 15(1):83–99.

Draude, Anke. 2017. The agency of the governed in transfer and diffusion studies. *Third World Thematics: A TWQ Journal* 2(5):577–587.

Duffield, John. 2007. What Are International Institutions? *International Studies Review* 9(1):1–22.

Dukalskis, Alexander. 2023. A fox in the henhouse: China, normative change, and the UN Human Rights Council. *Journal of Human Rights* 22(3):334–350.

Dunford, Robin. 2017. Peasant activism and the rise of food sovereignty: Decolonising and democratising norm diffusion? *European Journal of International Relations* 23(1):145–167.

Engelkamp, Stephan, Katharina Glaab, und Antonia Graf (Hrsg.). 2021. *Kritische Normenforschung in den Internationalen Beziehungen: Neue Wege und metatheoretische Perspektiven.* Baden-Baden: Nomos.

Engelkamp, Stephan, Katharina Glaab, und Judith Renner. 2012. In der Sprechstunde: Wie (kritische) Normenforschung ihre Stimme wiederfinden kann. *Zeitschrift für Internationale Beziehungen* 19(2):101–128.

Engelkamp, Stephan, Katharina Glaab, und Judith Renner. 2013. Ein Schritt vor, zwei Schritte zurück? Eine Replik auf Nicole Deitelhoff und Lisbeth Zimmermann. *Zeitschrift für Internationale Beziehungen* 20(2):105–118.

Epstein, Charlotte. 2012. Stop Telling Us How to Behave: Socialization or Infantilization? *International Studies Perspectives* 13(2):135–145.

Epstein, Charlotte. 2014. The postcolonial perspective: an introduction. *International Theory* 6(2):294–311.

Erskine, Toni. 2021. Normative International Relations Theory. In *International Relations Theories: Discipline and Diversity*. 5th ed, edited by Tim Dunne, Milja Kurki, and Steve Smith. Oxford: Oxford University Press.

Evans, Gareth J. 2008. *The Responsibility to Protect: Ending Mass Atrocity Crimes Once and for All*. Washington D.C.: Brookings Institution.

Fehl, Caroline, and Elvira Rosert. 2020. It's Complicated. A Conceptual Framework for Studying Relations and Interactions between International Norms. PRIF Working Papers No. 49, Frankfurt/M.

Fehl, Caroline. 2018. Navigating Norm Complexity. A Shared Research Agenda for Diverse Constructivist Perspectives. *PRIF Working Papers* No. 41, Frankfurt/M.

Fehl, Caroline. 2023. Protect and punish: norm linkage and international responses to mass atrocities. *European Journal of International Relations* 29 (3): 751–779.

Fierke, Karin M. 2021. Constructivism. In International Relations Theories: Discipline and Diversity. 5th ed, edited by Tim Dunne, Milja Kurki, and Steve Smith. Oxford: Oxford University Press.

Finnemore, Martha & Kathryn Sikkink. 1998. International Norm Dynamics and Political Change. *International Organization* 52(4):887–917.

Finnemore, Martha. 1993. International organizations as teachers of norms: the United Nations Educational, Scientific, and Cultural Organization and science policy. *International Organization* 47(4):565–597.

Finnemore, Martha: Are Legal Norms Distinctive?, in: International Law and Politics, 32(2000)3: 699–705.

Flohr, Annegret, Lothar Rieth, Sandra Schwindenhammer, und Klaus-Dieter Wolf. 2010. The Role of Business on Global Governance. Corporations as Norm-Entrepreneurs. Basingstoke.

Florini, Ann. 1996. The Evolution of International Norms. *International Studies Quarterly* 40(3):363–389.

Flügel-Martinsen, Oliver. 2013. „Demokratie und Dissens. Zur Kritik konsenstheoretischer Prämissen der deliberativen

Demokratietheorie". In Die Versprechen der Demokratie, ed. Hubertus Buchstein, 333–346. Baden-Baden: Nomos. https://doi.org/10.5771/9783845245966-332

Foucault, Michel. 1987. *Der Wille zum Wissen. Sexualität und Wahrheit I*. Frankfurt am Main: Suhrkamp.

Garcia Iommi, Lucrecia. 2020. "Norm internalisation revisited: Norm contestation and the life of norms at the extreme of the norm cascade." *Global Constitutionalism* 9 (1): 76–116.

Gholiagha, Sassan, Anna Holzscheiter, and Andrea Liese. 2020. "Activating norm collisions: Interface conflicts in international drug control." *Global Constitutionalism* 9 (2): 290–317.

Giddens, Anthony: Die Konstitution der Gesellschaft, Grundzüge einer Theorie der Strukturierung, Frankfurt am Main/New York 1988.

Girard, Tyler. 2021. Reconciling the Theoretical and Empirical Study of International Norms: A New Approach to Measurement. *American Political Science Review* 115(1): 331–38.

Goertz, Gary & Paul F. Diehl. 1992. Toward a Theory of International Norms: Some Conceptual and Measurement Issues. *The Journal of Conflict Resolution* 36(4):634–664.

Goldstein, Judith & Robert O. Keohane. 1993. Ideas and Foreign Policy: An Analytical Framework. In *Ideas and Foreign Policy: Beliefs, Institutions, and Political Change*, Hrsg. Judith Goldstein & Robert O. Keohane, 3–30. Ithaca: Cornell University Press.

Graf, Antonia, Bastian Loges, Holger Niemann und Nils Stockmann. 2023. Die Relevanz von Normdynamiken. Der Beitrag der Normenforschung zur Untersuchung multipler Krisen. *Zeitschrift für Internationale Beziehungen* 30(2): 97–11.

Gränzer, Sieglinde, Anja Jetschke, Thomas Risse und Hans-Peter Schmitz. 1998. Internationale Menschenrechtsnormen, transnationale Netzwerke und politischer Wandel in den Ländern des Südens. *Zeitschrift für Internationale Beziehungen* 5(1): 5–41.

Grovogui, Siba N. 2011. „To the Orphaned, Dispossessed, and Illegitimate Children: Human Rights Beyond Republican and Liberal Traditions". Indiana Journal of Global Legal Studies: Vol. 18: 1, Article 3.

Havercroft, Jonathan & Raymond Duvall. 2017. Challenges of an Agonistic Constructivism for International Relations. *Polity* 49(1):156–164.

Havercroft, Jonathan. 2017. Symposium on Contestation and International Relations: Introduction. *Polity* 49(1):100–184.

Hay, Colin. 2002. *Political Analysis, A Critical Introduction*, Basingstoke.

Herschinger, Eva und Judith Renner. 2014. Diskursforschung in den Internationalen Beziehungen, in: *Diskursforschung in den Internationalen Beziehungen*, Hrsg. Eva Herschinger und Judith Renner, 9–35, Baden-Baden: Nomos.

Herschinger, Eva und Judith Renner. 2024. Diskursforschung in den Internationalen Beziehungen. In: *Handbuch Internationale Beziehungen*, hrsg. Frank Sauer, Luba von Hauff und Carlo Masala. Springer VS, Wiesbaden.

Höhne, Chris, Christian Kahmann, und Mathis Lohaus. 2013. Normübersetzung und quantitative Textanalyse: Methodenreflektion am Beispiel von globaler Klimapolitik. https://doi.org/10.5771/0946-7165-2023-2-200

Hochschild, Adam. 1999. King Leopold's Ghost: A Story of Greed, Terror, and Heroism in Colonial Africa. New York: Houghton Mifflin.

Holzinger, Katharina: Kommunikationsmodi und Handlungstypen in den Internationalen Beziehungen, Anmerkungen zu einigen irreführenden Dichotomien, in: Zeitschrift für Internationale Beziehungen 8(2001)2, S. 243–286.

Holzscheiter, Anna, Sassan Gholiagha, and Andrea Liese. 2022. „Advocacy Coalition Constellations and Norm Collisions: Insights from International Drug Control, Human Trafficking, and Child Labour." *Global Society* 36 (1): 25–48

Howard, Peter, and Reina Neufeldt. 2000. Canada's Constructivist Foreign Policy: Building Norms for Peace. *Canadian Foreign Policy Journal* 8 (1): 11–38.

Hurrell, Andrew. 2002. Norms and Ethics in International Relations. In *Handbook of International Relations*, Hrsg. Walter Carlsnaes, Thomas Risse, und Beth A. Simmons, 137–154. London: SAGE Publications.

Hurrell, Andrew: Legitimacy and the Use of Force, Can the Circle be Squared?, in: Review of International Studies 31(2005)1, S. 15–32.

Inayatullah, Naeem & David L. Blaney. 2012. The Dark Heart of Kindness: The Social Construction of Deflection. *International Studies Perspectives* 13(2):164–175.

Ingebritsen, Christine. 2002. Norm Entrepreneurs: Scandinavia's Role in World Politics. *Cooperation and Conflict: Journal of the Nordic International Studies Association* 37(1):11–23.

Jakobi, Anja P. & Bastian Loges. 2022. Urbanising norms? Cities as local amplifiers in global norm dynamics on HIV/AIDS policies. *Journal of International Relations and Development* 25(1):54–78.

Jepperson, Ronald L., Alexander Wendt, und Peter J. Katzenstein. 1996. Norms, Identity and Culture in National Security. In *The Culture of National Security: Norms and Identity in World Politics*, Hrsg. Peter J. Katzenstein, 33–78. New York: Columbia University Press.

Jurkovich, Michelle. 2020. What Isn't a Norm? Redefining the Conceptual Boundaries of "Norms" in the Human Rights Literature. *International Studies Review* 22(3):693–711.

Keck, Margaret E. & Kathryn Sikkink. 1998. *Activists beyond Borders: Advocacy Networks in International Politics*. Ithaca: Cornell University Press.

Klotz, Audie. 1995. Norms Reconstituting Interests: Global Racial Equality and U.S. Sanctions Against South Africa. *International Organization* 49(3):451–478.

Koschut, Simon. 2018. Appropriately Upset? A Methodological Framework for Tracing the Emotion Norms of the Transatlantic Security Community. *Politics and Governance* 6(4):125–134.

Kowert, Paul and Jeffrey Legro. 1996. „Norms, Identity, and Their Limits: A Theoretical Reprise." In The Culture of National Security, ed. Peter Katzenstein, 451–97. New York: Columbia University Press.

Kowert, Paul A.: Completing the Ideational Triangle: Identity, Choice, and Obligation in International Relations, in: Vaughn P. Shannon und Paul A. Kowert (Eds.): *Psychology and Constructivism in International Relations*, Michigan 2012, 30–53.

Krasner, Stephen D.: Structural Causes and Regime Consequences, Regimes as Intervening Variables, in: Stephen D. Krasner (Hrsg.): International Regimes. Ithaca 1983, S. 1–21.

Kratochwil, Friedrich & John Gerard Ruggie. 1986. International organization: a state of the art on an art of the state. *International Organization* 40(4):753–775.

Krook, Mona L. & Jacqui True. 2010. Rethinking the life cycles of international norms: The United Nations and the global promotion of gender equality. *European Journal of International Relations* 18(1):103–127.

Kunz, Volker. 2004. *Rational Choice*. Frankfurt am Main: Campus Verlag.

Kurki, Milja, and Colin Wight. 2021. International Relations and Social Science. In *International Relations Theories: Discipline and Diversity*. Hrsg. Tim Dunne, Milja Kurki, and Steve Smith. Oxford: Oxford University Press.

Labonte, Melissa. 2016. R2P's Status as a Norm. In *The Oxford Handbook of the Responsibility to Protect*, hrsg. von Alex J. Bellamy und Tim Dunne, 133–150. Oxford: Oxford University Press.

Lantis, Jeffrey S. 2017. Theories of International Norm Contestation: Structure and Outcomes. In *Oxford Research Encyclopedia of Politics*, Hrsg. William R. Thompson, 1–24. Oxford: Oxford University Press.

Lantis, Jeffrey S., and Carmen Wunderlich. 2018. "Resiliency dynamics of norm clusters: Norm contestation and international cooperation." Review of International Studies 44 (3): 570–593.

Lantis, Jeffrey S., and Carmen Wunderlich. 2022. "Reevaluating Constructivist Norm Theory: A Three-Dimensional Norms Research Program." International Studies Review 24 (1): viab059. https://doi.org/10.1093/isr/viab059.

Lebow, Richard Ned. 2022. *The Quest for Knowledge in International Relations: How Do We Know?* Cambridge: Cambridge University Press.

Legro, Jeffrey W. 1997. Which Norms Matter? Revisiting the "Failure" of Internationalism. *International Organization* 51(1):31–63.

Lesch, Max. 2017. Praxistheorien und Normenforschung in den Internationalen Beziehungen: Zum Beitrag der pragmatischen Soziologie. *Zeitschrift Diskurs*: 31–54.

Liese, Andrea. 2006. *Staaten am Pranger: Zur Wirkung internationaler Regime auf innerstaatliche Menschenrechtspolitik.* Wiesbaden: VS Verlag für Sozialwissenschaften.

Linsenmaier, Thomas, Dennis R. Schmidt, und Kilian Spandler. 2021. On the meaning(s) of norms: Ambiguity and global governance in a post-hegemonic world. *Review of International Studies* 47(4):508–527.

Loges, Bastian. 2013. *Schutz als neue Norm in den Internationalen Beziehungen: Der UN-Sicherheitsrat und die Etablierung der Responsibility to Protect.* Wiesbaden:Springer VS.

Loges, Bastian. 2021. Von der Normenforschung zu den Normenforschungen–Metatheoretische Reflexionen zur Einheit und Vielfalt eines Forschungsfeldes. In *Kritische Normenforschung in den Internationalen Beziehungen: Neue Wege und metatheoretische Perspektiven*, Hrsg. Stephan Engelkamp, Katharina Glaab, und Antonia Graf, 31–68. Baden-Baden: Nomos.

MacKenzie, Megan & Mohamed Sesay. 2012. No Amnesty from/for the International: The Production and Promotion of TRCs as an International Norm in Sierra Leone. *International Studies Perspectives* 13(2):146–163.

Madokoro, Daisuke. 2019. International commissions as norm entrepreneurs: Creating the normative idea of the responsibility to protect. *Review of International Studies* 45(1):100–119.

March, James G. & Johan P. Olsen. 1998. The Institutional Dynamics of International Political Orders. *International Organization* 52(4):943–969.

Mende, Janne und Christoph Möllers. 2021. Was sind soziale Normen? Ein Dialog zwischen der rechtsphilosophischen und der konstruktivistischen Normenforschung. *Leviathan* 49(4): 577–598.

Michelsen, Danny. 2018 „Agonaler Konstitutionalismus? Zum Verhältnis von Politik und Recht in der agonalen Demokratietheorie." In: Zeitschrift für Politik 65: 2, 150–167. https://doi.org/10.5771/0044-3360-2018-2-150

Milliken, Jennifer. 1999. The Study of Discourse in International Relations: A Critique of Research and Methods. *European Journal of International Relations* 5(2):225–254.

Mills, Kurt & Alan Bloomfield. 2017. African resistance to the International Criminal Court: Halting the advance of the anti-impunity norm. *Review of International Studies* 44(1): 101–127.

Müller, Harald. 2004. Arguing, Bargaining and all that: Communicative Action, Rationalist Theory and the Logic of Appropriateness in International Relations. *European Journal of International Relations* 10(3):395–435.

Nadelmann, Ethan A. 1990. Global prohibition regimes: the evolution of norms in international society. *International Organization* 44(4):479–526.

Neumann, Cecile Basberg und Iver B. Neumann. 2015. Uses of the Self: Two Ways of Thinking about Scholarly Situatedness and Method. *Millennium* 43(3): 798–819

Niemann, Holger & Henrik Schillinger. 2017. Contestation 'all the way down'? The grammar of contestation in norm research. *Review of International Studies* 43(1):29–49.

Orchard, Phil und Antje Wiener. 2024. Norm Research in Theory and Practice. In *Contesting the World. Norm Research in Theory and Practice*. Phil Orchard und Antje Wiener, Hrsg. 1–25. Cambridge: Cambridge University Press.

Panke, Diana & Ulrich Petersohn. 2012. Why international norms disappear sometimes. *European Journal of International Relations* 18(4):719–742.

Peez, Anton. 2022. Contributions and Blind Spots of Constructivist Norms Research in International Relations, 1980–2018: A Systematic Evidence and Gap Analysis. *International Studies Review* 24(1):1–33.

Pratt, Simon F. 2020. Reification, practice, and the ontological status of social facts. *International Theory* 12(2):231–237.

Price, Richard. 1995. A genealogy of the chemical weapons taboo. *International Organization* 49(1):73–103.

Price, Richard. 2008. Moral Limit and Possibility in World Politics. *International Organization* 62(2):191–220.

Price, Richard, and Kathryn Sikkink. 2021. *International Norms, Moral Psychology, and Neuroscience. of Elements in International Relations.* Cambridge: Cambridge University Press.

Quissell, Kathryn. 2022. What's in a Norm? Centering the Study of Moral Values in Scholarship on Norm Interactions. *International Studies Review* 24(4), viac049, https://doi.org/10.1093/isr/viac049

Raymond, Gregory A. 1997. Problems and Prospects in the Study of International Norms. *Mershon International Studies Review* 41(2):205–245.

Renner, Judith. 2013. *Discourse, normative change and the quest for reconciliation in global politics*. Manchester: Manchester University Press.

Risse, Thomas & Kathryn Sikkink. 1999. The socialization of international human rights norms into domestic practices: introduction. In *The Power of Human Rights: International Norms and Domestic Change*, Hrsg. Thomas Risse, Stephen C. Ropp, und Kathryn Sikkink, 1–38. Cambridge: Cambridge University Press.

Risse, Thomas, Stephen C. Ropp, und Kathryn Sikkink (Hrsg.). 1999. *The Power of Human Rights: International Norms and Domestic Change*. Cambridge: Cambridge University Press.

Risse, Thomas, and Stephen C. Ropp. 2013. „Introduction and Overview." Chapter. In The Persistent Power of Human Rights: From Commitment to Compliance, ed. Thomas Risse, Stephen C. Ropp, and Kathryn Sikkink, 3–25. Cambridge: Cambridge University Press.

Risse, Thomas, Stephen C. Ropp, und Kathryn Sikkink (Hrsg.). 2013. *The Persistent Power of Human Rights: From Commitment to Compliance*. Cambridge: Cambridge University Press.

Risse, Thomas. 2000. "Let's Argue!": Communicative Action in World Politics. *International Organization* 54(1):1–39.

Rosert, Elvira & Sonja Schirmbeck. 2007. Zur Erosion internationaler Normen: Folterverbot und nukleares Tabu in der Diskussion. *Zeitschrift für Internationale Beziehungen* 14(2):253–288.

Rosert, Elvira. 2012. Fest etabliert und weiterhin lebendig: Normenforschung in den Internationalen Beziehungen. *ZPol Zeitschrift für Politikwissenschaft* 22(4):599–623.

Rosert, Elvira. 2019a. Norm emergence as agenda diffusion: Failure and success in the regulation of cluster munitions. *European Journal of International Relations* 25(4):1103–1131.

Rosert, Elvira. 2019b. Salience and the emergence of international norms: Napalm and cluster munitions in the inhumane weapons convention. *Review of International Studies* 45(1):77–99.

Rosert, Elvira. 2019c. *Die Nicht-Entstehung internationaler Normen: Permissive Effekte in der humanitären Rüstungskontrolle*. Wiesbaden: Springer VS. https://doi.org/10.1007/978-3-658-25042-3

Rosert, Elvira. 2022. Normenforschung in den Internationalen Beziehungen. In *Handbuch Internationale Beziehungen*, Hrsg. Frank Sauer, Luba von Hauff, und Carlo Masala, 1–29. Wiesbaden: VS Verlag für Sozialwissenschaften.

Rosert, Elvira. 2024. Effects of international norms: A typology. *Journal of International Political Theory* 20(1):22–40.

Rupert, Mark. 2021. Marxism. In *International Relations Theories: Discipline and Diversity*. 5th ed, edited by Tim Dunne, Milja Kurki, and Steve Smith. Oxford: Oxford University Press.

Sandholtz, Wayne. 2008. Dynamics of International Norm Change: Rules against Wartime Plunder. *European Journal of International Relations* 14(1):101–131.

Sandholtz, Wayne. 2017. International Norm Change. In *Oxford Research Encyclopedia of Politics*, Hrsg. William R. Thompson, 1–22. Oxford: Oxford University Press.

Sandholtz, Wayne. 2019. Norm Contestation, Robustness, and Replacement. *Journal of Global Security Studies* 4(1):139–146.

Schneiker, Andrea. 2021. Norm Sabotage: Conceptual Reflection on a Phenomenon That Challenges Well-Established Norms. *International Studies Perspectives* 22(1):106–123.

Schneiker, Andrea und Charlotte Dany. 2018. Humanitarian NGOs as Norm Takers: Conceptualizing the Translation of Vague International Norms as an Expression of Organizational Autonomy. *Journal of International Organizations Studies* 9(1): 43 – 57.

Simmons, Beth A. und Hyeran Jo. 2019. Measuring Norms and Normative Contestation: The Case of International Criminal Law, *Journal of Global Security Studies* 4(1): 18–36.

Steffek, Jens: The Legitimation of International Governance, A Discourse Approach, in: European Journal of International Relations 9(2003)2, S. 249–275.

Steinhilper, Elias. 2015. From "the Rest" to "the West"? Rights of Indigenous Peoples and the Western Bias in Norm Diffusion Research. *International Studies Review* 17(4):536–555.

Stimmer, Andrea. 2019. Beyond Internalization: Alternate Endings of the Norm Life Cycle. *International Studies Quarterly* 63(2):270–280.

Stimmer, Anette & Lea Wisken. 2019. The dynamics of dissent: when actions are louder than words. *International Affairs* 95(3):515–533.

Stykow, Petra, Christopher Daase, Janet MacKenzie, und Nikola Moosauer. 2010. *Politikwissenschaftliche Arbeitstechniken*. Paderborn: Wilhelm Fink GmbH & Co. Verlags-KG.

Symons, Jonathan & Dennis Altman. 2015. International norm polarization: sexuality as a subject of human rights protection. *International Theory* 7(1):61–95.

Tannenwald, Nina. 1999. The Nuclear Taboo: The United States and the Normative Basis of Nuclear Non-Use. *International Organization* 53(3):433–468.

Towns, Ann E. 2012. Norms and Social Hierarchies: Understanding International Policy Diffusion "From Below". *International Organization* 66(2):179–209.

Tully, James. *Public Philosophy in a New Key. Volume 1: Democracy and Civic Freedom*. Cambridge: Cambridge University Press, 2008

Tully, James. *Strange Multiplicity: Constitutionalism in an Age of Diversity*. Cambridge: Cambridge University Press, 1995.

Ulbert, Cornelia. 2012. Vom Klang vieler Stimmen: Herausforderungen „kritischer" Normenforschung

Weber, Max: Wirtschaft und Gesellschaft, Paderborn 2006 [1921].

Welsh, Jennifer. 2014. Implementing the "Responsibility to Protect": Catalyzing Debate and Building Capacity. In *Implementation and World Politics: How International Norms Change Practice*, Hrsg. Alexander Betts & Phil Orchard, 124–143. Oxford: Oxford University Press.

Welsh, Jennifer. 2019. Norm Robustness and the Responsibility to Protect. *Journal of Global Security Studies* 4(1):53–72.

Wendt, Alexander. 1987. The Agent-Structure Problem in International Relations Theory. *International Organization* 41(3):335–370.

Wendt, Alexander. 1992. Anarchy is what states make of it: the social construction of power politics. *International Organization* 46(2):391–425.

Wiener, Antje. 2004. Contested Compliance: Interventions on the Normative Structure of World Politics. *European Journal of International Relations* 10(2):189–234.

Wiener, Antje. 2007a. The Dual Quality of Norms and Governance beyond the State: Sociological and Normative Approaches to 'Interaction'. *Critical Review of International Social and Political Philosophy* 10(1):47–69.

Wiener, Antje. 2007b. Contested Meanings of Norms: A Research Framework. *Comparative European Politics* 5(1):1–17.

Wiener, Antje. 2008. *The Invisible Constitution of Politics: Contested Norms and International Encounters*. Cambridge: Cambridge University Press.

Wiener, Antje. 2014. *A Theory of Contestation*. Heidelberg: Springer.

Wiener, Antje. 2018. *Contestation and Constitution of Norms in Global International Relations*. Cambridge: Cambridge University Press.

Winston, Carla. 2018. Norm structure, diffusion, and evolution: A conceptual approach. *European Journal of International Relations* 24(3):638–661.

Winston, Carla. 2020. Words Count: Discourse and the Quantitative Analysis of International Norms. *Journal of Human Rights* 19 (1): 138–51.

Wunderlich, Carmen. 2013. Theoretical Approaches in Norm Dynamics, in: Müller, Harald/Carmen Wunderlich, Hrsg. *Norm Dynamics in Multilateral Arms Control. Interests, Conflicts, and Justice*, Athens, GA: The University of Georgia Press, 20–47.

Wunderlich, Carmen. 2018. *Schurkenstaaten als Normunternehmer: Iran und die Kontrolle von Massenvernichtungswaffen*. Wiesbaden: Springer VS.

Zhang, Yongjin, und Barry Buzan. 2020. China and the Global Reach of Human Rights. *The China Quarterly* 241: 169–90

Zimmermann, Lisbeth; Deitelhoff, Nicole; Lesch, Max; Arcudi, Antonio; Peez, Anton. 2023. *International Norm Disputes. The Link Between Contestation and Norm Robustness,* Oxford: Oxford University Press.

Zimmermann, Lisbeth, Nicole Deitelhoff, und Max Lesch. 2017. Unlocking the agency of the governed: contestation and norm dynamics. *Third World Thematics: A TWQ Journal* 2(5):691–708.

Zimmermann, Lisbeth. 2017a. *Global Norms with a Local Face: Rule-of-Law Promotion and Norm Translation.* Cambridge: Cambridge University Press.

Zimmermann, Lisbeth. 2017b. More for Less: The Interactive Translation of Global Norms in Postconflict Guatemala. *International Studies Quarterly* 61(4):774–785.

Zwingel, Susanne. 2023. Normübersetzungsforschung als Beitrag zur Dezentrierung vermeintlich universeller Standards. *Zeitschrift für Internationale Beziehungen* 30(2): 172–186.

Zwingel, Susanne. 2012. How Do Norms Travel? Theorizing International Women's Rights in Transnational Perspective. *International Studies Quarterly* 56(1):115–129.

Zwingel, Susanne. 2016. Translating International Women's Rights The CEDAW Convention in Context. London: Macmillan Palgrave. https://doi.org/10.1057/978-1-137-31501-4

The manufacturer's authorised representative in the EU is Springer Nature Customer Service Centre GmbH, Europaplatz 3, 69115 Heidelberg, Germany. If you have any concerns regarding our products, please contact ProductSafety@springernature.com

Printed and bound by CPI Group (UK) Ltd, Croydon, CR0 4YY
26/03/2026
02078963-0001